# A Atuação da Comissão de Valores Mobiliários como *Amicus Curiae* nos Processos Judiciais que Envolvem o Mercado de Capitais

# A Atuação da Comissão de Valores Mobiliários como *Amicus Curiae* nos Processos Judiciais que Envolvem o Mercado de Capitais

**2015**

Daniela Peretti D'Ávila

A ATUAÇÃO DA COMISSÃO DE VALORES MOBILIÁRIOS
COMO *AMICUS CURIAE* NOS PROCESSOS JUDICIAIS
QUE ENVOLVEM O MERCADO DE CAPITAIS
© Almedina, 2015

AUTOR: Daniela Peretti D'Ávila
DIAGRAMAÇÃO: Almedina
DESIGN DE CAPA: FBA
ISBN 978-858-49-3079-1

---

Dados Internacionais de Catalogação na Publicação (CIP)
(Câmara Brasileira do Livro, SP, Brasil)

D'Ávila, Daniela Peretti
A atuação da Comissão de Valores Mobiliários como *amicus curiae*
nos processos judiciais que envolvem o mercado de capitais /
Daniela Peretti D'Ávila. – São Paulo : Almedina, 2015.
Bibliografia
ISBN 978-85-8493-079-1

1. Direito comercial 2. Mercado de capitais
3. Poder judiciário – Leis e legislação – Brasil
4. Valores mobiliários – Leis e legislação – Brasil
I. Título.

15-09750     CDU-347.731:342.56(81)(094)

---

Índices para catálogo sistemático:
1. Brasil : Poder judiciário : Mercado de valores
mobiliários : Direito 347.731:342.56(81)(094)

Este livro segue as regras do novo Acordo Ortográfico da Língua Portuguesa (1990).

Todos os direitos reservados. Nenhuma parte deste livro, protegido por copyright, pode ser reproduzida, armazenada ou transmitida de alguma forma ou por algum meio, seja eletrônico ou mecânico, inclusive fotocópia, gravação ou qualquer sistema de armazenagem de informações, sem a permissão expressa e por escrito da editora.

Novembro, 2015

EDITORA: Almedina Brasil
Rua José Maria Lisboa, 860, Conj.131 e 132, Jardim Paulista | 01423-001 São Paulo | Brasil
editora@almedina.com.br
www.almedina.com.br

Este trabalho é dedicado às pessoas que gostam do processo civil e do mercado de capitais.

## AGRADECIMENTOS

Ao Insper – Instituto de Ensino e Pesquisa, a quem agradeço na pessoa do Professor André Antunes Soares de Camargo, pelo aprendizado e principalmente pelo incentivo recebido na realização deste trabalho.

À minha orientadora, Professora Taimi Haensel, bem como aos ilustres Professores que participaram da banca de avaliação, Drs. Francisco Satiro e Evandro Fernandes de Pontes, pelas correções e contribuições.

À Comissão de Valores Mobiliários, pelos subsídios prestados ao desenvolvimento deste trabalho.

À minha família e meus amigos (que também são minha família), pelo amor, incentivo e apoio incondicional.

Ao André, pela generosidade de dividir nosso tempo com este estudo.

À equipe do escritório Wambier, Arruda Alvim Wambier Advocacia e Consultoria Jurídica, a quem agradeço nas pessoas dos Drs. Luiz Rodrigues Wambier, Teresa Arruda Alvim Wambier e Maria Lúcia Lins Conceição, pela contribuição e inspiração.

Às queridas colegas Gabriela Monteiro, Mariana Konno, Carolina Mansur da Cunha Pedro, Maria Helena de Castro e Priscilla Bittencourt, pela parceria em todos os momentos.

A todos que, direta ou indiretamente, fizeram parte do desafio que me propus, o meu muito obrigada.

# SUMÁRIO

1. INTRODUÇÃO — 11
2. A FIGURA DO *AMICUS CURIAE* NO DIREITO BRASILEIRO — 15
   - 2.1. O *amicus curiae* — 15
   - 2.2. Histórico — 19
   - 2.3. Referências no direito brasileiro — 20
   - 2.4. Modalidades interventivas e finalidade — 24
   - 2.5. Natureza jurídica — 28
   - 2.6. Figuras similares — 30
   - 2.7. Legitimidade para atuar nesse papel — 35
   - 2.8. O *amicus curiae* na prática — 38
   - 2.9. O *amicus curiae* no novo Código de Processo Civil — 43
3. A ATUAÇÃO DA COMISSÃO DE VALORES MOBILIÁRIOS COMO *AMICUS CURIAE* NO JUDICIÁRIO — 47
   - 3.1. Previsão legal e seus fundamentos — 47
   - 3.2. O interesse que move a atuação da Comissão de Valores Mobiliários como *amicus curiae* — 55
   - 3.3. Obrigatoriedade (ou não) da intimação e da intervenção da autarquia — 56
   - 3.4. Procedimento aplicável — 61
   - 3.5. A legitimidade recursal da Comissão de Valores Mobiliários — 63
   - 3.6. Necessidade (ou não) de deslocamento da competência para a Justiça Federal, por força da intervenção — 67
   - 3.7. A força persuasiva da opinião técnica *versus* a garantia do livre convencimento do juiz — 69
   - 3.8. A Comissão de Valores Mobiliários nos processos coletivos para a defesa dos investidores (Lei n. 7.913/1989) — 71

3.9. A atuação da Comissão de Valores Mobiliários como *amicus curiae* e o Ministério Público como *custos legis* .......... 77

## 4. LEVANTAMENTO EMPÍRICO E CASUÍSTICA .......... 79

4.1. Pareceres e esclarecimentos apresentados pela Comissão de Valores Mobiliários, na condição de *amicus curiae*, entre 2012 e maio 2014 .......... 79

4.2. Síntese da análise dos processos em que houve apresentação de parecer, pela Comissão de Valores Mobiliários, entre 2012 e maio de 2014 .......... 84

4.3 Principais controvérsias na jurisprudência a respeito da intervenção da Comissão de Valores Mobiliários como *amicus curiae* .......... 84

## 5. CONCLUSÃO .......... 89

Referências .......... 95

Legislação .......... 99

Jurisprudência .......... 103

Anexo – Lista de casos informados pela Comissão de Valores Mobiliários .......... 107

# Capítulo 1
## Introdução

O presente trabalho dedica-se ao exame do expediente previsto no art. 31 da Lei n. 6.385/1976 – qual seja: a participação da Comissão de Valores Mobiliários ("CVM"), como *amicus curiae*, nos processos judiciais que tenham por objeto questões ligadas ao mercado de capitais.

Segundo esse artigo:

> Art. 31 – Nos processos judiciários que tenham por objetivo matéria incluída na competência da Comissão de Valores Mobiliários, será esta sempre intimada para, querendo, oferecer parecer ou prestar esclarecimentos, no prazo de quinze dias a contar da intimação.
>
> § 1º – A intimação far-se-á, logo após a contestação, por mandado ou por carta com aviso de recebimento, conforme a Comissão tenha, ou não, sede ou representação na comarca em que tenha sido proposta a ação.
>
> § 2º – Se a Comissão oferecer parecer ou prestar esclarecimentos, será intimada de todos os atos processuais subsequentes, pelo jornal oficial que publica expedientes forense ou por carta com aviso de recebimento, nos termos do parágrafo anterior.
>
> § 3º – A comissão é atribuída legitimidade para interpor recursos, quando as partes não o fizeram.
>
> § 4º – O prazo para os efeitos do parágrafo anterior começará a correr, independentemente de nova intimação, no dia imediato aquele em que findar o das partes.

O que está por trás dessa previsão legal (que estabeleceu a possibilidade de intervenção da CVM nos processos judiciais que abordam questões de sua competência, mediante a apresentação de *esclarecimentos ou parecer*), é a inconteste especificidade e complexidade das regras e dos fatos relativos ao mercado de capitais.[1]

A obra de Lionel Zaclis reconhece e exemplifica isso:

> A matéria dos litígios envolvendo valores mobiliários exige uma sofisticada especialização, além de grande experiência no seu trato. A propósito do assunto, deve ser considerado que raramente se configura um ato ou fato jurídico danoso singular e de fácil delimitação. O que ocorre, ordinariamente, é a existência de uma série de operações, uma política empresarial que amiúde se estende ao longo de anos. Não são raros os casos em que se devem encadear dezenas ou mesmo centenas de decisões de órgãos administrativos, operações de compra e venda de valores mobiliários pulverizadas entre dezenas de testas-de-ferro, operações e lançamentos contábeis relativamente aos quais se tem de construir a prova de ter havido uma ordem dos administradores (naturalmente, nada por escrito), de modo a imputar-se a responsabilidade [...]. Individualmente, esses atos quase sempre são lícitos, ou beiram a licitude – e têm de presumir-se lícitos. Encadeados, não. Mas isso depende amiúde de controvérsia sobre a interpretação e aplicabilidade de princípios contábeis aos fatos.[2]

É raro, porém, encontrar juízes que dominam essa área cheia de sutilizas, cuja compreensão frequentemente exige o conhecimento de conceitos extrajurídicos (normalmente contábeis e econômicos), e que, além de tudo, é minuciosamente regulamentada por meio de instruções e resoluções, sujeitas a constantes alterações.[3] Mesmo assim, precisam julgá-las, já que a escusa do desconhecimento da matéria não lhes é facultada, e o art. 126

---

[1] Conforme: ARAGÃO, Paulo Cezar. A CVM em Juízo: limites e possibilidades. **Revista de Direito Bancário e do Mercado de Capitais.** São Paulo, v. 34, ano IX, outubro-dezembro de 2006, p. 47.

[2] ZACLIS, Lionel. **Proteção Coletiva dos Investidores no Mercado de Capitais.** São Paulo: Revista dos Tribunais, 2007, p. 172.

[3] Conforme: HÁFEZ Andréa. Amigo da Corte – Juízes têm na Procuradoria Especializada da CVM auxílio para suas decisões. **Espaço Jurídico Bovespa.** Disponível em: <http://www.portaldoinvestidor.gov.br/portaldoinvestidor/export/sites/portaldoinvestidor/entrevistas/Arquivos/Amigo_da_Corte.PDF>, Acesso em: 08 dez. 2013.

do Código de Processo Civil ("CPC" – Lei n. 5.869/1973) expressamente excluiu a possibilidade de se recorrer ao *non liquet* como escusa.[4]

A atuação da CVM como *amicus curiae*, portanto, visa a contornar a limitação do conhecimento do Poder Judiciário em relação às discussões do mercado de capitais. Mediante a apresentação de esclarecimentos ou pareceres técnicos sobre a matéria posta em debate, a autarquia traduz ao juiz os eventos do mercado, auxiliando na correta aplicação da lei ao caso.

Apesar do louvável mérito dessa forma de atuação da CVM, algumas especificidades da intervenção despertam controvérsias. Isso ocorre tanto porque a própria figura do *amicus curiae* é, sob muitos aspectos, controvertida no Poder Judiciário, como porque alguns dos procedimentos previstos na Lei n. 6.385/1976 divergem daqueles aplicáveis a outras hipóteses de autuação do *amicus* admitidas por nosso sistema jurídico (a exemplo das intervenções previstas nos recursos especiais repetitivos ou recursos extraordinários com repercussão geral, nas quais, por exemplo, não se reconhece a legitimidade recursal dessa figura).[5]

Por conta disso, o estudo inicia traçando um panorama do *amicus curiae* no ordenamento jurídico brasileiro. Realiza-se um exame da sua evolução, desde suas previsões mais remotas até chegar às normas que o tornaram mais popular perante a comunidade jurídica. Analisam-se seus elementos essenciais, bem como faz-se sua comparação com outras figuras previstas no CPC que com ele guardam coincidências, a fim de se identificar suas características exclusivas. Outrossim, considerando a escassez de regulamentação acerca do procedimento a ser seguido por essa forma de intervenção, o estudo realiza uma análise do procedimento adotado na prática forense, para fixar os contornos do rito adotado quando do comparecimento do *amicus curiae*. E, por fim, o capítulo inicial

---

[4] *Non liquet* é uma expressão latina, que significa "não esclarecido". ROSAS, Vanderlei de Barros. **Mundo dos filósofos:** pequeno dicionário jurídico de expressões latinas. Disponível em: <http://www.mundodosfilosofos.com.br/latim.htm#N> Acesso em: 20 jul. 2014.
A respeito dela, Sérgio Cruz Arenhart destaca: "Em Roma (...) o iudex poderia abster-se de decidir a questão que lhe era posta bastando declarar, sob juramento, *sibi non liquere*. Isto demonstra, claramente, o culto à verdade, a ponto de se negar a prestação jurisdicional, sob argumento de que o juiz não lograra atingi-la no processo, ou, por outras palavras, os fatos não estavam suficientemente aclarados." ARENHART, Sérgio Cruz. A verdade e a prova no processo civil. **Revista Iberoamericana de Derecho Procesal.** Buenos Aires. Ano 5, v.7, p. 71-109, 2005.

[5] O que será explorado neste estudo, especialmente nos subitens 2.8 e 3.5.

também analisará as perspectivas previstas para a figura no novo CPC (Lei n. 13.105/2015, atualmente em *vacatio legis*).

A partir do segundo capítulo, o estudo foca no exame específico da atuação da CVM como *amicus curiae*, iniciando com a reflexão sobre a importância do estabelecido no art. 31 da Lei n. 6.385/1976 para o Poder Judiciário e para o mercado de capitais. Em seguida, abordam-se as principais questões controvertidas a respeito do tema, tais como: a obrigatoriedade da intimação da autarquia e as consequências de eventual não cumprimento da previsão legal; as hipóteses em que a participação da CVM pode ser dispensada; o procedimento aplicável quando da intervenção; a legitimidade recursal da CVM; o deslocamento (ou não) da competência para a Justiça Federal, a partir da intervenção da CVM; o peso da opinião técnica da autarquia *versus* a garantia de livre convencimento do juiz; a participação da CVM nas ações civis públicas que tutelam os interesses dos investidores em juízo (Lei n. 7.913/1989); a atuação da CVM como *amicus curiae versus* a atuação do Ministério Público como *custos legis* etc.

No último capítulo, a partir de informações obtidas mediante contato com a Procuradoria Federal Especializada da CVM, bem como das ferramentas de pesquisa disponíveis nos sites dos tribunais brasileiros, o estudo reúne dados a respeito das intervenções realizadas pela autarquia, como *amicus curiae*, nos últimos anos. Isso, tanto para mapear os principais temas e características das demandas em que a autarquia contribuiu, como também para verificar as principais discussões na jurisprudência a respeito dessa forma de atuação.

Busca-se, portanto, dissecar as peculiaridades da atuação da CVM em juízo, como auxiliar do magistrado na busca de uma prestação jurisdicional de maior qualidade.

## Capítulo 2
## A figura do *amicus curiae* no direito brasileiro

Até o presente momento (ou seja, pelo menos até a entrada em vigor do novo Código de Processo Civil),[6] o direito positivo brasileiro não possui um regime disciplinando, de modo claro e uniforme, a atuação do *amicus curiae*.[7] Esse déficit de tratamento legal, somado ao fato de que nosso ordenamento jurídico não contempla um *amicus curiae* com características rígidas e de atuação padronizada, torna o tema bastante controvertido.

É o que evidencia o presente capítulo.

### 2.1. O *amicus curiae*

*Amicus curiae* é uma expressão latina que pode ser traduzida como *amigo da cúria* ou da *corte*.[8]

A tradução literal da expressão para o vernáculo, porém, não define o seu papel no nosso sistema jurídico,[9] especialmente porque, como bem ob-

---

[6] Conforme detalhará o subitem 2.9 deste estudo, o novo CPC (sancionado pela presidente Dilma Rousseff em 16 de março de 2015, que passará a vigorar em 17 de março de 2016) regulará, em um capítulo próprio e com esse *nomen juris*, a participação do *amicus curiae* no ordenamento jurídico brasileiro.

[7] O que há é o tratamento de situações pontuais (a exemplo do art. 31 da Lei n. 6.385/1976, que regula a participação da CVM nos processos envolvendo o mercado de capitais), e, mesmo assim, de forma abreviada.

[8] RÓNAI, Paulo. **Não perca seu latim**. 5. ed. São Paulo: Nova Fronteira, 1980, p. 25.

[9] É o que observa Cassio Scarpinella Bueno. Para ele "é inócuo, porque vazio de significado para a experiência jurídica brasileira, traduzir a expressão *amicus curiae* para o vernáculo. Ela, mesmo quando traduzida, não tem referencial na nossa histórica jurídica e, por isto, fica carente de verdadeira identificação." BUENO, Cassio Scarpinella. **Amicus Curiae no**

serva Teresa Arruda Alvim Wambier, "trata-se de figura bastante refratária ao tratamento sistemático".[10]

Na legislação brasileira atual, não existe qualquer referência à expressão *amicus curiae*. O único instrumento normativo que o admitiu, com essa denominação, foi o Regimento Interno da Turma Nacional de Uniformização de Jurisprudência dos Juizados Especiais Federais, aprovado pela Resolução n. 390/2004 do Conselho da Justiça Federal. Contudo, em 2008, o seu texto foi revogado pela Resolução n. 22/2008, do mesmo Conselho, que omitiu a referência ao *amicus curiae*.

Mesmo assim, ou seja, mesmo sem ser tratado por nosso ordenamento com esse *nomen juris*, a sua existência (e admissão, em número cada vez maior de situações), é incontroversa. São diversos os textos legais que descrevem a atuação dessa figura, sem assim nominá-la ou, no máximo, chamando-a de *intervenção* (o que, sob o ponto de vista técnico do processo civil, quer dizer muito pouco ou nada, como observa Cassio Scarpinella Bueno[11]).[12]

É, portanto, a partir das várias previsões legais que facultam a manifestação de entes que não são parte no processo e que não tem, propriamente, interesse *jurídico* na demanda, mas que, em função do conhecimento ou representatividade que detêm sobre a questão debatida, têm condições

**Processo Civil Brasileiro:** um terceiro enigmático. 2. ed. São Paulo: Saraiva, 2008, p. XXXV (Nota prévia à 2ª edição).
Apesar do que aponta esse autor, é importante destacar que o termo *cúria* possui matrizes históricas, provenientes da Roma antiga, onde designava a associação de famílias dentro da sociedade, bem como o local em que se reuniam os senadores e, por extensão, à própria instituição do senado. (vide: COULANGES, Fustel de. **A cidade antiga.** Título original: *La Cité Antique*. Tradução de Jean Melville. São Paulo: Martin Claret, 2009, 413 p.). Por isso, ou seja, porque desde os tempos mais remotos o termo cúria era empregado para designar uma coletividade ou seus representantes, parece válido afirmar que, embora a tradução da expressão aqui estudada para o vernáculo não consiga explicitar o seu papel em nosso ordenamento jurídico, o conhecimento histórico nos conduz à uma ideia muito próxima disso.
[10] WAMBIER, Teresa Arruda Alvim. *Amicus curiae* – Afinal, quem é ele? **Revista do Instituto dos Advogados do Paraná,** Curitiba, n. 34, dez. 2006, p. 241.
[11] BUENO, op. cit., p. 126.
[12] Esse é o caso, por exemplo, do dispositivo legal que ampara o objeto de estudo deste trabalho, qual seja: o art. 31 da Lei n. 6.385/1976 (com redação que lhe foi dada pela Lei n. 6.616/1978). Sob o comando de que "nos processos judiciários que tenham por objetivo matéria incluída na competência da Comissão de Valores Mobiliários, será esta sempre intimada para, querendo, oferecer parecer ou prestar esclarecimentos, no prazo de quinze dias a contar da intimação", esse artigo prevê a possibilidade de atuação da CVM como *amicus curiae* na demandas judiciais envolvendo o mercado de valores mobiliários.

de contribuir com a prestação jurisdicional, que se reconhece a figura do *amicus curiae* no direito brasileiro. Esse reconhecimento, por certo, deriva das referências que se tem dessa figura no direito estrangeiro[13] – especialmente dos países que adotam o sistema do *common law*, onde essa atuação é frequente. [14]

Como bem observa Cassio Scarpinella Bueno:

> [...] há diversos outros diplomas legislativos que, embora não tratem do *amicus curiae*, admitem intervenções diferenciadas de terceiro que, na minha opinião, é o que basta, analisadas as previsões no seu devido contexto, para verificar que estas situações correspondem, ou, quando menos, são bastante próximas da intervenção do *amicus curiae* tal qual admitida nos ordenamentos jurídicos estrangeiros que o conhecem.[15]

E prossegue, frisando que a ausência de referência no direito brasileiro a esse *nomen juris* não impede o estabelecimento do papel dessa figura em nosso ordenamento:

> O que é relevante destacar, contudo, é que a admissão do *amicus curiae* para desempenhar o papel que, no direito estrangeiro, ele desempenha [...] não depende de expressa previsão legislativa. Ela decorre do sistema processual

---

[13] A título de esclarecimento, destaca-se que, nos Estados Unidos, a participação do *amicus curiae* está disciplinada na regra 37 do Regimento Interno da Suprema Corte dos Estados Unidos (*rule 37 – Brief for an Amicus Curiae, of the Supreme Court of the United States*). Dela se extrai que o parecer do *amicus curiae* é útil para chamar a atenção da Corte para matéria relevante ainda não considerada ou aventada pelas partes (*"An amicus curiae brief that brings to the attention of the Court relevant matter not already brought to its attention by the parties may be of considerable help to the Court"*). A intervenção pleiteada nessa qualidade exige o consentimento das partes – o que, não ocorrendo, pode ensejar uma análise em separado sobre sua pertinência. O consentimento, porém, é dispensado quando o pedido for apresentado em nome dos Estados Unidos, pelo seu Procurador Geral; em nome de qualquer agência dos Estados Unidos, por seu representante legal autorizado; em nome dos Estados, por seu Procurador Geral; ou em nome de cidades, municípios ou entidades similares, devidamente representadas. ESTADOS UNIDOS, Suprema Corte. **Rules of the Supreme Court of The United States.** Adopted April 19, 2013. Disponível em: <http://www.supremecourt.gov/ctrules/ctrules.aspx> Acesso em: 01 dez. 2014.

[14] Sobre a importância da participação do *amicus curiae* nos países que adotam o sistema do *common law*, vide exemplo citado na nota de rodapé n. 25.

[15] BUENO, Cassio Scarpinella. Quatro perguntas e quatro respostas sobre o *amicus curiae*. **Revista Nacional da Magistratura.** Brasília, ano II, n. 5, maio de 2008, p. 135.

civil, isto é, das próprias normas de direito processual civil quando analisadas, como devem ser, desde a Constituição Federal ou, como prefiro, desde o "modelo constitucional do processo civil".[16]

Propondo-se, então, a conceituar essa figura, a partir de suas referências indiretas no ordenamento, Pauliane do Socorro Lisboa Abraão sustenta que:

> De modo geral, podemos conceituar o *amicus curiae* como uma figura processual que intervêm em um processo do qual não é parte, para oferecer ao juízo sua perspectiva acerca da questão debatida, para oferecer informações técnicas acerca de questões complexas cujo domínio ultrapasse o discurso jurídico, e/ou defenderem os interesses dos grupos/pessoas por ele representados, no caso de serem, direta ou indiretamente, afetados pelo julgamento a ser realizado.[17]

Para Fredie Didier Jr:

> É o *amicus curiae* verdadeiro auxiliar do juízo, que elabora memoriais com o objetivo de ajudar o magistrado a melhor decidir a causa. Trata-se de uma manifestação provocada pelo magistrado ou requerida pelo *amicus curiae,* cujo objetivo é o de aprimorar ainda mais as decisões proferidas pelo Poder Judiciário. A sua participação consubstancia-se em apoio técnico ao magistrado.[18]

Teresa Arruda Alvim Wambier, por sua vez, afirma:

> Trata-se, como a própria expressão sugere, de um amigo do juiz, de um colaborador do juiz, que deve agir no sentido de que o Poder Judiciário, ao decidir, leve em conta, de algum modo, por exemplo, como vetor interpretativo, os valores adotados pela sociedade, representada pelas suas instituições.

---

[16] Ibidem, p. 136.
[17] ABRAÃO, Pauliane do Socorro Lisboa. Algumas considerações críticas sobre a natureza jurídica do *amicus curiae* no direito brasileiro. **Revista Dialética de Direito Processual**, São Paulo, n. 105, dez/2011, p. 78.
[18] DIDIER JR, Fredie. A intervenção judicial do CADE (art. 89, LF 8.884/94) e da CVM (art. 31, LF 6.385/76). In: FARIAS, Cristiano Chaves de (Coord.); DIDIER JR, Fredie (Coord.). **Procedimentos Especiais Cíveis.** São Paulo: Saraiva, 2003. p. 1246.

Trata-se de um "representante" que deve estar presente, manifestar-se, fornecer elementos para a formação da convicção necessária à decisão judicial, sendo o assunto relevante.[19]

Essa figura, portanto, designa a atuação de terceiro que intervém no processo, com o objetivo de contribuir para o aprimoramento da atividade interpretativa que será exercida pelo juiz, seja a partir do conhecimento específico que detém sobre determinada questão, seja a partir da perspectiva que possui acerca de determinada matéria, em função do papel que nela ocupa.

No entanto, conforme se verá ao longo deste estudo, as diversas situações em que nossa lei admite a atuação dessa figura atribuem a ela contornos próprios.

Em função disso, apesar deste estudo oferecer uma noção (ainda que abreviada) dos principais elementos das diferentes formas de atuação do *amicus curiae*, dá-se destaque maior àqueles que são próprios da intervenção que mais interessa aqui, qual seja: a da Comissão de Valores Mobiliários ("CVM"), feita na forma do art. 31 da Lei n. 6.385/1976.

## 2.2. Histórico

Não há consenso na doutrina sobre a origem da figura do *amicus curiae*.

Enquanto alguns autores atribuem sua criação ao direito romano, outros sustentam que ele seria originário do direito inglês.

Baseado na pesquisa dos italianos Elizabetta Silvestri e Giovanni Criscuoli, Cassio Scarpinella Bueno esclarece que, para os defensores da origem romana, o *amicus curiae* seria derivado do *consilliarius* – órgão de função consultiva, cuja atribuição era de "colaborador neutro dos magistrados, naqueles casos em que sua resolução envolvia questões não estritamente jurídicas, além de atuar no sentido de os juízes não cometerem erros de julgamento." A atuação do *consilliarius* no direito romano, no entanto, somente ocorria mediante convocação do magistrado, e a opinião por ele manifestada versava sobre os princípios do direito.[20]

---

[19] WAMBIER, op. cit., p. 242.
[20] SILVESTRI, Elizabetta. *L'amicus curiae: uno strumento per la tutela degli interessi non rappresentat*; e CRISCUOLI, Giovanni. *Amicus Curiae*; apud BUENO, Cassio Scaspinella. **Amicus Curiae no Processo Civil Brasileiro:** um terceiro enigmático. Op.cit, p. 87-89

Já no direito inglês, as principais notícias apontam que a intervenção do *amicus curiae* ocorria nas causas que envolviam interesses do Estado, na qualidade de *Attorney-General*. Marcelo Pereira de Almeida destaca que essa figura "tinha o objetivo de indicar e sistematizar eventuais precedentes e leis que se presumia, por algum motivo, que eram desconhecidos pelo julgador, proporcionando sua atualização."[21] No direito inglês, desde suas previsões mais remotas, a intervenção do *amicus curiae* poderia ser espontânea.[22]

Seja como for, é sabido que a estrutura jurídica do *common law* representou terreno fértil para a atuação e aperfeiçoamento dessa figura,[23] na medida em que atribui importância determinante aos precedentes judiciais. Imbuídos da ideia de contribuir para a formação do entendimento do Poder Judiciário, muitas foram as mobilizações de entidades, associações e organismos em geral, no sentido de intervir em processos em que se discutiam questões que lhes eram afetas.[24]

O proveito extraído dessas atuações inspirou a adoção do instituto por outros países, inclusive aqueles que adotam o sistema da *civil law*, como nosso país.[25]

### 2.3. Referências no direito brasileiro

No Brasil, costuma-se dizer que o art. 31 da Lei n. 6.385/1976 (com redação que lhe foi dada pela Lei n. 6.616/1978) foi o primeiro preceito a prever a atuação do *amicus curiae* no ordenamento pátrio – ao possibilitar

---

[21] ALMEIDA, Marcelo Pereira de. A Intervenção do *amicus curiae* em demandas seriais de interesse da administração pública. **Revista Legis Augustus**. Rio de Janeiro, v. 3, n. 2, p. 67-91, jul./dez. 2012.

[22] Conforme: BUENO, Cassio Scarpinella. **Amicus Curiae no Processo Civil Brasileiro:** um terceiro enigmático, op. cit, p. 87-89.

[23] Ibidem, p. 90-109.

[24] Conforme destaca Luiz Fernando Martins da Silva, "A importância da utilização do *Amicus Curiae* nos tribunais norte-americanos pode ser medida, por exemplo, pelo julgamento na Suprema Corte do caso envolvendo a Universidade de Michigan, em 2003, que teve questionado o sistema de cotas instituído para alunos de minorias raciais (casos Grutter v. Bollinger e Gratz v. Bollinger). A universidade foi apoiada por mais de 150 A*micus Curiae*". SILVA, Luiz Fernando Martins da. *Amicus curiae*, direito, política e ação afirmativa. **Revista de Ciência Política,** n. 24 – jul/ago 2005. Disponível em: <http://www.achegas.net/numero/vinteequatro/l_fernando_24.htm> Acesso em: 01 dez. 2014.

[25] Conforme: ABRAÃO, op. cit., p. 79.

a participação da CVM nas demandas envolvendo matérias que versem sobre sua competência.[26]

A pesquisa de Fredie Didier Jr. e Marcus Seixas Souza, porém, aponta outro resultado, muito mais longínquo. Para esses autores, o Decreto Imperial n. 2.684, de 23/10/1885, posteriormente regulado pelo Decreto n. 6.142, de 10/03/1876, teria sido pioneiro na admissão do *amicus curiae* no Brasil, ao regular o instituto conhecido como "tomada de assento".[27]

Segundo previa o parágrafo 2° do art. 6° do Decreto n. 2.684, nos procedimentos de tomada de assentos sobre a interpretação de leis de relevante conteúdo, "O Tribunal poderá também ouvir, quando julgue conveniente, o Instituto da Ordem dos Advogados, os Tribunais do Comércio e dos Jurisconsultos de melhor nota."

A partir disso, concluem Fredie Didier Jr. e Marcus Seixas Souza:

> A atuação destas instituições pode ser enquadrada como intervenção de *amici curiae*: destinada a auxiliar o juiz no conhecimento das repercussões de suas decisões e na consideração dos melhores argumentos possíveis de inferir em seu julgamento, por meio de opiniões qualificadas. A redação do § 2° do art. 6° não deixa margem a outra conclusão: possivelmente, é a primeira previsão de amicus curiae no direito brasileiro – e não a intervenção da Comissão de Valores Mobiliários, imposta pelo art. 31 da Lei. 6.385/1976.[28]

Seja como for, pelo menos no ordenamento jurídico posterior à proclamação da república, a primeira referência a essa intervenção parece mesmo ter sido o art. 31 da Lei n. 6.385/1976.

O livro "Mercado de Valores Mobiliários Brasileiro", editado pela CVM em 2013, traz alguns importantes comentários sobre o contexto histórico da edição da Lei n. 6.385/1976:

---

[26] Conforme: CARNEIRO, Athos Gusmão. **Intervenção de Terceiros**, 13. ed. São Paulo: Saraiva, 2001, p. 150; WAMBIER, op. cit., p. 243; e BUENO, Cassio Scarpinella. ***Amicus Curiae* no Processo Civil Brasileiro:** um terceiro enigmático, op.cit., p. 274.

[27] Por meio do qual o STJ fixava, de forma geral, a interpretação jurídica acerca de determinada questão posta em juízo.

[28] DIDIER JR., Fredie; SOUZA, Marcus Seixas. Formação do Precedente e *Amicus Curiae* no Direito Imperial Brasileiro: O Interessante DEc. 6.142/1879. **Revista de Processo**. São Paulo, v. 38, n. 220, p. 413, jun. 2013.

O movimento especulativo, conhecido como "boom de 1971", teve curta duração, mas suas consequências foram vários anos de mercado deprimido, pois algumas ofertas de ações de companhias extremamente frágeis e sem qualquer compromisso com seus acionistas, ocorridas no período, geraram grandes prejuízos e mancharam de forma surpreendentemente duradoura a reputação do mercado acionário. [...]

Foi dentro desse quadro de estagnação e tentativa de recuperação do mercado acionário que, em 1976, foram introduzidas duas novas normas legais, ainda em vigor: a Lei nº 6.404/76, nova Lei das Sociedades por Ações que visava modernizar as regras que regiam as sociedades por ações, até então reguladas por um antigo Decreto-Lei de 1940, e a Lei nº 6.385/76, segunda Lei do Mercado de Capitais que, entre outras inovações, criou a CVM e introduziu no mercado uma instituição governamental destinada exclusivamente a regulamentar e desenvolver o mercado de capitais, fiscalizar as bolsas de valores e as companhias abertas.

Não obstante todos esses incentivos, o mercado de capitais não teve o crescimento esperado, ainda que em alguns momentos tenha havido um aumento na quantidade de companhias abrindo seu capital e um volume razoável de recursos captados pelas empresas através de ofertas públicas de ações tenha ocorrido durante a década de 1980.[29]

Após a previsão pioneira da Lei n. 6.375/1976, a intervenção de *amicus curiae* foi contemplada, com características ontológicas muito semelhantes, por mais três leis que criaram e/ou regulamentaram o papel de autarquias: (i) a Lei n. 8.884/1994, que previu, em seu art. 89, a participação do Conselho Administrativo de Defesa Econômica ("CADE") nos processos que discutem questões ligadas à ordem econômica; (ii) a Lei n. 9279/1996, que previu, nos arts. 57, 118 e 175, a participação do Instituto Nacional de Propriedade Industrial ("INPI") nas ações de nulidade de patente e nulidade de registro;[30] e (iii) a Lei n. 8.906/1994, que previu, no parágrafo único do art. 49, a intervenção dos presidentes dos conselhos e das subseções da

---

[29] BRASIL. Comissão de Valores Mobiliários. **O Mercado de Valores Mobiliários Brasileiro.** Comitê Consultivo de Educação. Rio de Janeiro: CVM, 2013, p. 41.
[30] Cumpre ressaltar a existência de autores que contestam a qualificação, como *amicus curiae*, da intervenção no INPI, nas ações de nulidade de patente e registro, previstas da Lei n. 9279/1996. Assim, por exemplo, Priscila Kei Sato entende que: "O INPI será parte, nas ações de nulidade, porque em face desse órgão será requerida a desconstituição de ato administrativo de sua lavra." SATO, Priscila Kei. O Instituto Nacional de Propriedade Industrial nas ações de nulidade e de adjudicação: parte ou assistente? In: DIDIER JR, Fredie (Coord.); WAMBIER,

Ordem dos Advogados do Brasil ("OAB") em inquéritos e processos em que sejam indiciados, acusados ou ofendidos advogados.

Na Lei n. 9.469/1997, a figura também foi prevista, ao se estabelecer, no art. 5º, a possibilidade de intervenção: (i) da União nas causas em que figurarem como autor ou réu entes da administração indireta; e (ii) das pessoas jurídicas de direito público, nas causas cuja decisão possa ter reflexos, ainda que indiretos, de natureza econômica.

Alexandre Gustavo Melo Franco Bahia,[31] porém, observa que foi apenas a partir de 1999 que a figura do *amicus curiae* ganhou importância no ordenamento jurídico brasileiro, com a edição das Leis ns. 9.868/1999 e 9.882/1999 (que regulamentaram a ação direta de inconstitucionalidade, a ação declaratória de constitucionalidade e a arguição de descumprimento de preceito fundamental, perante o Supremo Tribunal Federal – "STF"). As previsões dos arts. 7º, parágrafo 2º e 29 da Lei n. 9.868/1999, bem como do art. 6º, parágrafos 1º e 2º, da Lei n. 9.882/1999 (que permitiram a oitiva de órgãos ou entidades representativas, peritos ou comissões de peritos, bem como *pessoas com experiência e autoridade na matéria*), foram festejadas pela doutrina, em função de seu mérito na pluralização do debate das questões postas ao exame da corte suprema.

Dois anos após, a Lei n. 10.259/2011 (que dispôs sobre os Juizados Especiais Cíveis e Criminais no âmbito da Justiça Federal), também admitiu a figura do *amicus curiae*, no procedimento de uniformização de interpretação de lei federal.

Novamente no âmbito da Justiça Federal, em 2004, a Resolução n. 390 aprovou o Regimento Interno da Turma Nacional de Uniformização de Jurisprudência dos Juizados Especiais Federais, prevendo a participação do *amicus curiae* em seus julgamentos.

Em 2006, a Lei n. 11.417 (que regulamentou o art. 103-A da Constituição Federal, disciplinando a edição, a revisão e o cancelamento de enunciado de súmula vinculante pelo STF), admitiu sua intervenção, em seu art. 3º, parágrafo 2º.

---

Teresa Arruda Alvim (Coord.). **Aspectos polêmicos e atuais sobre os terceiros no processo civil e assuntos afins.** São Paulo: Revista dos Tribunais, 2004, p. 801.

[31] BAHIA, Alexandre Gustavo Melo Franco. O crescimento do papel do *amicus curiae* no novo CPC: perspectivas sobre a jurisprudência atual do STF. In: FREIRE, Alexandre et. al (orgs.). **Novas Tendências do Processo Civil:** Estudos sobre o Projeto do Novo Código de Processo Civil. Salvador: Juspodvm, 2013, p. 271.

Nenhuma dessas previsões, porém, contribuiu tanto para a divulgação do instituto quanto as Leis ns. 11.418/2006 e 11.672/2008, que modificaram a redação do art. 543 do CPC.

Pela Lei n. 11.418/2006, o conhecimento do recurso extraordinário passou a exigir a *repercussão geral* da questão constitucional nele versada. Como, a partir disso, passaram a ser julgados em sede de recurso extraordinário apenas questões relevantes do ponto de vista econômico, político, social ou jurídico, cujos efeitos transcendem os interesses subjetivos da causa, criou-se um dispositivo capaz de fornecer à corte suprema opiniões multifacetadas sobre os temas analisados. Assim, o parágrafo 6º do art. 543-A do CPC estabeleceu: "O Relator poderá admitir, na análise da repercussão geral, a manifestação de terceiros, subscrita por procurador habilitado, nos termos do Regimento Interno do Supremo Tribunal Federal."

A Lei n. 11.672/2008, por sua vez, buscou otimizar o trabalho de pacificação de teses jurídicas pelo Superior Tribunal de Justiça ("STJ"), estabelecendo procedimento para o julgamento de recursos especiais repetitivos. Também em função dos efeitos transcendentes das decisões prolatadas sob esse rito, o parágrafo 4º do art. 543-C do CPC estabeleceu: "O relator, conforme dispuser o regimento interno do Superior Tribunal de Justiça e considerando a relevância da matéria, poderá admitir manifestação de pessoas, órgãos ou entidades com interesse na controvérsia."

Principalmente após essas Leis, o *amicus curiae* passou a despertar o interesse dos estudiosos brasileiros, tornando-se tema frequente de artigos e obras jurídicas.

## 2.4. Modalidades interventivas e finalidade

A obra de Cassio Scarpinella Bueno propõe classificar o *amicus curiae* a partir três critérios distintos, que levam em conta: (i) a natureza jurídica do interveniente; (ii) a iniciativa da intervenção; e (iii) a razão concreta da intervenção.[32]

**Natureza jurídica do interveniente**: levando-se em conta esse critério, o *amicus curiae* pode ser dividido em "público" e "privado". "*Amici* públicos" são aqueles exercidos por uma pessoa ou um órgão do próprio Estado (a exemplo da CVM); "*amici* privados", por sua vez, são aqueles exercidos por um particular.

---

[32] BUENO, Cassio Scarpinella. **Amicus Curiae no Processo Civil Brasileiro:** um terceiro enigmático, op. cit, p. 519-531.

Também segundo o autor, "todos os casos em que a lei elege alguém que, em nossa opinião, age na qualidade de *amicus curiae*, a hipótese é, de acordo com nosso entendimento, substancialmente, hipótese de *amicus curiae* público." [33]

Cassio Sparpinella Bueno ainda observa que os *"amici* públicos", com participação prevista em lei, tendem a ser mais imparciais do que os *"amici* privados", já que defendem o interesse público, atuando como verdadeiros "fiscais da lei". Por isso, atribuem-se poderes mais amplos a esses intervenientes – a exemplo do que ocorre na Lei n. 6.385/1976 (que conferiu à CVM legitimidade recursal). [34]

**Iniciativa da intervenção**: por esse critério, a classificação é dividida em "provocada" e "espontânea". A intervenção "provocada" é aquela que ocorre quando é determinada pelo juiz (em regra, cumprindo a lei que assim exige); já a intervenção "espontânea" ocorre pelo comparecimento voluntário daquele que pretende intervir como *amicus*.

Segundo o autor, "são hipóteses de intervenção provocada de *amicus curiae* a da CVM (art. 31 da Lei n. 6.385/76), a do INPI (arts. 57, 118 e 175 da Lei n. 9.276/96), e a do CADE (art. 89 da Lei n. 8.884/94)."[35] Já as intervenções espontâneas ocorrem nas ocasiões em que órgãos e entidades comparecem pleiteado sua admissão como *amicus curiae* sem prévia intimação do magistrado. É nosso entendimento de que essa espécie de intervenção frequentemente ocorre nos casos em que a lei admite a manifestação do *amicus curiae* sem especificar quem deve exercer esse papel,[36] abrindo espaço para entes que se reputam legitimados apresentarem-se no processo.

**Razão concreta da intervenção:** por fim, de acordo com a razão da intervenção, pode ela ser dividida em: "vinculada", "procedimental" e "atípica".

Intervenções "vinculadas" são aquelas em que a lei de regência descreve quando, em qual hipótese e quem deve intervir como *amicus curiae*. Segundo o autor da classificação, a atuação da CVM como *amicus curiae* é o típico caso de intervenção vinculada, já que o art. 31 da Lei n. 6.385/1976 expressamente prevê que, nas causas envolvendo o mercado de capitais,

---

[33] Ibidem, p. 523.
[34] Ibidem, p. 521-524.
[35] Ibidem, p. 526.
[36] A exemplo dos arts. 543-C, parágrafo 4º e 543-A, parágrafo 6º do CPC, e arts. 7º, parágrafo 2º e 29 da Lei 9.868/1999.

a CVM deverá ser intimada para, querendo, intervir, após a apresentação da defesa do réu.

Intervenções "procedimentais" são aquelas em que a lei prevê a participação do *amicus curiae*, mas não especifica quem deverá/poderá exercer essa função. Como exemplo dessa modalidade, o autor cita a intervenção nos incidentes de inconstitucionalidade, prevista no art. 482 do CPC.

Já as intervenções "atípicas" são aquelas possíveis de serem admitidas, mesmo quando não há indicação legal de sua oitiva, e muito menos especificação sobre quem pode exercer essa função. São casos em que a intervenção pode ser "construída" pelo juiz e pelas partes.[37]

Carlos Gustavo Rodrigues Del Prá sugere outra forma de classificação da figura, focada na iniciativa e no intuito da intervenção, que se assemelha em parte com aquela proposta por Cassio Scarpinella Bueno. Para ele:

> [...] dentre todas as hipóteses de intervenção do *amicus curiae*, cabe distinguir três espécies: (a) aqueles que participam do processo por impulso do juiz (art. 9º e art. 20 da LADIn, e art. 6º, parágrafo 1º, da LADPF); (b) aqueles cuja participação é decorrência de *poder de polícia*, e cuja intimação é requisito de regularidade do procedimento (intervenção do CADE ou da CVM); e (c) aqueles que intervém voluntariamente, em exercício ao direito próprio de manifestação (art. 7º, parágrafo 2º, LADIn, art. 6º, parágrafo 2º, LADPF, art. 14, parágrafo 7º, LJEF).[38]

Mas é possível ir mais longe na tentativa de diferenciar e classificar as hipóteses de intervenção do *amicus curiae*. Rodrigo Strobel Pinto conclui que nosso sistema processual admite a intervenção do *amicus* com duas finalidades distintas: (i) aquela que objetiva sanar o déficit de conhecimento do magistrado sobre uma determinada matéria (ou seja, intervenções de cunho eminentemente técnico); e (ii) aquela que visa a sanar o déficit democrático do nosso formato processual – que, de forma cada vez mais comum, vem admitindo a transcendência dos efeitos das decisões judiciais.

---

[37] BUENO, Cassio Scarpinella. **Amicus Curiae no Processo Civil Brasileiro:** um terceiro enigmático, op. cit, p. 530.

[38] DEL PRÁ, Carlos Gustavo Rodrigues. Breves considerações sobre o *amicus curiae* na ADIN e sua legitimidade recursal. In: DIDIER JR, Fredie (Coord.); WAMBIER, Teresa Arruda Alvim (Coord.). **Aspectos polêmicos e atuais sobre os terceiros no processo civil e assuntos afins.** São Paulo: Revista dos Tribunais, 2004, p. 62.

Nesse segundo rol, a intervenção é o instrumento que pluraliza o debate, legitimando as decisões paradigmáticas que repercutem numa coletividade que não participou do processo em que foi prolatada. Confira-se:

> Haverá casos em que a sua participação (do *amicus curiae*) objetiva, tão só, elucidar aspectos pontuais da causa, cuja especificidade, complexidade ou tecnicidade escapam à compreensão do magistrado ou do órgão julgador, sem o que se revela impossível, com certeza e segurança, prestar a tutela jurisdicional.
>
> Em outras hipóteses, entretanto, a sua atuação visa, precipuamente, legitimar democraticamente a formação de precedente judicial, de jurisprudência dominante ou de súmula, o que é levado a efeito por meio da pluralização do diálogo processual para com os blocos, grupos, classes ou estratos da sociedade ou, ainda, para com os órgãos, instituições, potências públicas ou o próprio Estado, cujos valores e interesses encontram-se dispersos no tecido social e dos quais ele é genuíno representante. [39]

O próprio Cassio Scarpinella Bueno, autor da primeira classificação a que se fez referência, admite que o *amcius* tanto pode ter a função de "portador do conhecimento que necessita o magistrado para julgar determinada questão," como de "portador das diversas vozes plurais que caracterizam a sociedade brasileira." [40]

Seja como for, diferenciar as situações em que a intervenção do *amicus curiae* ocorre motivada por uma ou por outra hipótese exige apenas que se analise o contexto em que se inserem.

No caso da intervenção que é de interesse principal do presente estudo (qual seja: da CVM), é nosso entendimento de que o comparecimento dá-se com o objetivo primordial de contribuição técnica. Já a intervenção de caráter democratizador do debate ocorre, em nosso sentir, quando da *manifestação de pessoas, órgãos ou entidades com interesse na controvérsia* em recursos especiais julgados em caráter repetitivo (prevista no art. 543-C, parágrafo 4º do CPC); da *manifestação de terceiros* em recursos extraordinários com repercussão geral admitida (prevista no art. 543-A, parágrafo 6º do CPC);

---

[39] PINTO, Rodrigo Strobel. *Amicus curiae* no Projeto de Código de Processo Civil. **Revista de Processo,** São Paulo, v. 38, n. 220, jun. 2013, p. 232.
[40] BUENO, Cassio Scarpinella. **Amicus Curiae no Processo Civil Brasileiro:** um terceiro enigmático, op. cit., p. 35.

e da manifestação de órgãos e entidades previstas na Lei 9.868/1999 (que regulamenta a Ação Direta de Inconstitucionalidade).

## 2.5. Natureza jurídica

A singularidade da figura do *amicus curiae*, aliada ao seu déficit de tratamento legal, acarreta grande discussão doutrinária sobre sua natureza jurídica.

Parte da doutrina tende a qualificá-lo como um terceiro, embora sempre adjetivando-o de *sui generis*, pois não se enquadra em qualquer modalidade de intervenção prevista entre os arts. 50 a 80 do CPC.

Eduardo Cambi e Kleber Ricardo Damasceno, inspirados na definição de terceiro dada por Cândido Rangel Dinamarco[41] (que, por sua vez, é influenciada pela conceituação de Giuseppe Chiovenda), posicionam-se a favor dessa qualificação. Para eles:

> quem no processo não é parte ou juiz, figura como terceiro; porém, o sistema processual previu hipóteses de intervenção de terceiro, sem fazer ressalvas, condicionando a intervenção à presença de um interesse jurídico. Assim, a intervenção do 'amigo da corte', na esteira desse raciocínio, configura uma espécie de intervenção de terceiro. Todavia, a conotação é diferenciada, posto que, diverso o tipo de interesse que legitima tal intervenção. O interesse que move o *amicus curiae* não pode ser confundido com qualquer outro terceiro reconhecido pelo CPC [...][42]

Cassio Scarpinella Bueno, em sua obra, designa-o de *terceiro*, ressalvando que isso não significa qualquer aproximação com as figuras positivadas nessa qualidade pelo CPC. Segundo ele, "considerando que entre os sujeitos processuais há duas grandes categorias, a de partes e a de terceiros, não há como deixar de nos referir ao *amicus* como um terceiro". E prossegue: "a afirmação de que o *amicus* é terceiro não pode ser entendida no sentido de que é 'assistente' ou, mais amplamente, que o ser 'terceiro' significa que deva necessariamente assumir aquelas específicas modalidades de

---

[41] Que afirma: "considerando um processo que se tenha em mente, são terceiros em relação a ele todos os seres humanos e todas as pessoas jurídicas existentes no planeta, menos aqueles que estejam nele como partes." DINAMARCO, Cândido Rangel. **Instituições de Direito Processual Civil**. 2. ed. São Paulo: Malheiros, 2005, vol. 2, p. 272.

[42] CAMBI, Eduardo; DAMASCENO Kleber Ricardo. *Amicus Curiae* e o Processo Coletivo. **Revista de Processo**. São Paulo, v. 36, n. 192, fev. 2011, p. 20.

terceiro que nosso Código de Processo Civil conhece". Longe disso: para esse autor, a figura do *amicus* é peculiar e, dependendo da forma como ocorre sua intervenção, assume maior ou menor grau de identificação com figuras como *custos legis*, perito, assistente e etc.[43]

Pauliane do Socorro Lisboa Abraão, em artigo dedicado à análise da classificação jurídica do *amicus curiae*, critica o seu enquadramento como terceiro. Destaca que, dentro dos contornos de nosso direito, "a intervenção de terceiro se caracteriza como o ingresso de um sujeito em um processo pendente de outros, como parte. Intervindo, o terceiro se torna parte. Mas, no caso do *amicus curiae*, isto não acontece."[44] O *amicus curiae* não intervêm no feito para defender direito próprio, nem para apoiar a defesa de uma das partes, mas para prestar auxílio ao juiz. E, ao intervir, não de torna parte (aqui entendida com aqueles que titularizam o direito material discutido no processo, ou aqueles que nele intervêm porque possuem algum interesse jurídico).[45]

Já para Fredie Didier Júnior, o *amicus curiae* é um auxiliar do juiz, compatível com aqueles previstos no art. 139 do Código de Processo Civil. Segundo ele:

---

[43] Conforme: BUENO, Cassio Scarpinella. **Amicus Curiae no Processo Civil Brasileiro:** um terceiro enigmático, op. cit, p. 426-427.
[44] ABRAÃO, op.cit, p. 83.
[45] Segundo Cassio Scarpinella Bueno: "O que enseja a intervenção deste "terceiro" no processo é a circunstância de ser ele, desde o plano material, legítimo portador de um "interesse *institucional*", assim entendido aquele interesse que ultrapassa a esfera jurídica de *um* indivíduo e que, por isso mesmo, é um interesse meta-individual, típico de uma sociedade pluralista e democrática, que é titularizado por grupos ou por segmentos sociais mais ou menos bem definidos.
O *amicus curiae* não atua, assim, em prol de um indivíduo ou uma pessoa, como faz o assistente, em prol de um *direito* de alguém. Ele atua em prol de um *interesse*, que pode, até mesmo, não ser titularizado por ninguém, embora seja compartilhado difusa ou coletivamente por um grupo de pessoas e que tende a ser afetado pelo que vier a ser decidido no processo." BUENO, Cassio Scarpinella. Amicus Curiae: Uma homenagem a Athos Gusmão Carneiro. Disponível em: <http://www.scarpinellabueno.com.br/Textos/Athos%20Gusm%E3o%20Carneiro-Homenagem%20Cassio%20Scarpinella%20Bueno.pdf> Acesso em 18 abr. 2014

É o *amicus curiae* verdadeiro auxiliar do juízo. Trata-se de uma intervenção provocada pelo magistrado ou requerida pelo próprio *amicus curiae*, cujo objetivo é de aprimorar ainda mais as decisões proferidas pelo Poder Judiciário. A sua participação consubstancia-se em apoio técnico ao magistrado.[46]

Anotando uma posição intermediária, Carlos Gustavo Rodrigues Del Prá entende necessário dividir a natureza jurídica do instituto, de acordo com a forma de intervenção. Em seu sentir, nos casos em que a intervenção do *amicus* ocorre mediante provocação do juiz ou tribunal (tal como aquele que é objeto do presente estudo), a figura se assemelha à de auxiliar do juízo ou mesmo de testemunha. Nos casos em que o ingresso ocorre voluntariamente, por sua vez, a classificação o remete à figura da intervenção de terceiro.[47]

### 2.6. Figuras similares

A definição dos contornos do instituto objeto deste estudo exige também sua comparação com figuras que com ele possuem alguns pontos em comum. As mais comumente abordadas pela doutrina são: o *custos legis*, o perito, o assistente, as testemunhas e o curador especial.

(i) ***Custos legis*:**[48] em nosso direito, a figura do *custos legis* (ou fiscal da lei) é desempenhada pelo Ministério Público, conforme poderes outorgados pelo art. 127 da Constituição Federal e, de forma mais específica, pelo art. 82 do CPC.

Atuando sob essa forma, cumpre ao Ministério Público intervir para proteger o interesse público, qualificado pela natureza da lide ou pela qualidade da parte. Assim, por exemplo, nas causas envolvendo interesses de incapaz, nas concernentes ao estado da pessoa, nas que versam sobre direitos de crianças ou adolescentes, nas lides coletivas etc; cumpre ao Ministério Público intervir, de forma obrigatória (sob pena de nulidade), a fim de zelar pela correta e imparcial aplicação da lei.

---

[46] DIDIER JR., Fredie. Possibilidade de sustentação oral do *amicus curiae*. **Revista Dialética de Direito Processual.** São Paulo, v. 8, n. 41, nov/2003. p.34.

[47] DEL PRÁ, Carlos Gustavo Rodrigues. **Amicus Curiae:** instrumento de participação democrática e aperfeiçoamento da prestação jurisdicional. Curitiba: Juruá, 2008, p. 121-127.

[48] A comparação entre a figura do *amicus curiae* e o *custos legis* é feita por: BUENO, Cassio Scarpinella. **Amicus Curiae no Processo Civil Brasileiro:** um terceiro enigmático, op. cit, p 375-391 e 430-435; DIDIER, 2003, op.cit., p. 1249; e CAMBI; DAMASCENO, op cit, p. 23.

Para Cassio Scarpinella Bueno, as hipóteses em que e lei designa um ente específico para intervir como *amicus curiae* em causas envolvendo questões específicas (como a CVM, nas causas envolvendo o mercado de capitais; o CADE, nas causas envolvendo direito da concorrência; o INPI, nas causas que envolvem direito da propriedade intelectual etc.) a atuação pode ser equiparada à do *custos legis*. Na medida em que essas entidades têm, por lei, a função institucional de tutelar determinado direito que lhes é afeto, sua intervenção, na qualidade de *amicus curiae*, é admitida por razões idênticas à do fiscal da lei. [49]

Dita equiparação, porém, não se aplica, segundo esse autor, às outras hipóteses de intervenção do *amicus curiae* (previstas em incidentes e ações com potencial de trascender efeitos ou, no mínimo, tornar-se um precedente persuasivo), dos quais se espera que o interveniente contribua "com a sua voz, seus valores, suas reflexões e seus anseios para a produção de melhor decisão jurisdicional", mas não que atue "como guardião do direito objetivo". [50]

Fredier Didier Júnior, porém, discorda da aproximação do *amicus curiae* com o *custos legis*, destacando que o *amicus* "não atua como fiscal da qualidade das decisões, e sim mero auxiliar; e pode atuar em lides que não envolvam direitos indisponíveis." [51]

**(ii) Perito:**[52] como o *amicus curiae* é portador de informações de caráter técnico/material, capazes de auxiliar o Juiz na atividade decisória, sua função também pode ser comparada à do perito judicial.

A atuação de ambos deriva da ideia de que o juiz, por mais preparado que seja, não tem condições de saber tudo sobre todas as áreas do saber humano – ou, pelo menos não com a profundidade que, às vezes, se faz necessária. Para remediar isso, pode contar com o apoio de *alguém* que não apenas tenha o conhecimento específico que lhe falta, mas também

---

[49] BUENO, Cassio Scarpinella. ***Amicus Curiae* no Processo Civil Brasileiro:** *um terceiro enigmático*, op. cit., p. 433-434.
[50] Ibidem, p. 435.
[51] DIDIER, 2003, op. cit., p. 1249.
[52] A comparação entre a figura do *amicus curiae* e o perito é feita por: BUENO, Cassio Scarpinella. ***Amicus Curiae* no Processo Civil Brasileiro:** *um terceiro enigmático*, op. cit., p. 366-371, e 435-439; DIDIER, 2003, op.cit., p. 1249; e CAMBI; DAMASCENO, op cit, p. 23-24; bem como na decisão prolatada pelo Ministro Napoleão Nunes Maia do Filho do STJ, nos Embargos de Divergência no Recurso Especial n. 1236002 (vide rodapé n. 54).

a compreensão do todo em que o debate está inserido, contribuindo para uma prestação jurisdicional mais precisa e informada.

Apesar dos pontos em comum, essas figuras (*amicus curiae* e perito) não se confundem nem se substituem.

O perito é pessoa de confiança do juiz, que se submete aos requisitos do art. 145 do CPC; é remunerado por meio do pagamento de honorários; está sujeito à exceção de impedimento ou suspeição bem como às sanções previstas no art. 147 do CPC; e deve obedecer aos prazos que lhe são impostos.

Nada disso ocorre com o *amicus curiae*, como já destacou o Ministro Napoleão Nunes Maia do Filho, do STJ, em decisão que comparou os institutos. Dela se extrai: "Por vezes, atua [o *amicus curiae*] de modo semelhante ao de um perito, mas não está sujeito à exceção de suspeição ou impedimento e não faz jus a honorários profissionais. Em geral, não tem prazo para manifestar-se."[53]

Ademais, como observam Eduardo Cambi e Kleber Ricardo Damasceno:

> O perito se restringe a fornecer conclusões técnicas, a partir da observação dos elementos probatórios constantes dos autos, enquanto que o *amicus curiae* não se limita à análise técnica do objeto da prova pericial, podendo analisar o conjunto das provas produzidas nos autos e, além de fornecer contribuições técnicas, extrair conclusões jurídicas.[54]

Há, portanto, clara diferenciação entre essas figuras, que impedem sejam elas concorrentes ou excludente uma da outra. Pelo contrário: a admissão de ambas agrega qualidade ao processo, na medida em que garante mais de uma fonte de informação do magistrado.

**(iii) Assistente**:[55] o *amicus curiae*, assim como o assistente, intervêm no processo acrescentando informações e argumentos que contribuem para solucionar a causa.

---

[53] BRASIL. Superior Tribunal de Justiça. Embargos de Divergência no Recurso Especial n. 1236002, Relator Ministro Napoleão Nunes Maia do Filho, Brasília, DF, julgado em 25 de setembro de 2013; Disponível em: <https://ww2.stj.jus.br/processo/pesquisa/?src=1.1.2&aplicacao=processos.ea&tipoPesquisa=tipoPesquisaGenerica&num_registro=201201054145> Acesso em: 20 jul. 2014.

[54] CAMBI; DAMASCENO, op cit, p. 24.

[55] A comparação entre a figura do *amicus curiae* e o assistente é feita por: BUENO, Cassio Scarpinella. **Amicus Curiae no Processo Civil Brasileiro:** *um terceiro enigmático*, op.cit., p. 441-447;

Contudo, essa aparente proximidade se dissipa tão logo se analisa os interesses que levam um e outro a ingressar no processo.

A teor do que dispõe o art. 50 do CPC, admite-se como assistente o terceiro que tiver interesse jurídico em que a sentença seja favorável a uma das partes. Sua intervenção, portanto, tem o objetivo de favorecer a vitória de uma das partes, com o que espera (o assistente) se beneficiar. Em última análise, portanto, o interesse (ainda que jurídico) que legitima a intervenção do assistente é "pessoal", "privado".

A intervenção do *amicus curiae* é distinta. Segundo Cassio Scarpinella Bueno, ela tem um caráter mais "altruísta", na medida em que não ocorre para defesa de um direito ou benefício próprio. Outrossim, como já destacado, o interesse que motiva a intervenção do *amicus curiae* é institucional ("assim entendido aquele interesse que ultrapassa a esfera jurídica de um indivíduo"),[56] portanto, completamente distinto do interesse jurídico que autoriza a intervenção do assistente.

Bem resumindo essa diferenciação, esse autor afirma:

> Pouco importa, para o *amicus curiae*, quem será o "vitorioso" da demanda, se o autor ou se o réu. Ele tutela um interesse em si mesmo considerado. O "beneficiar" autor e réu é consequência de sua atuação; não a causa.
>
> O que releva para ele – e é por isso que intervém no processo – é que o direito "objetivo" seja adequadamente aplicado, em conformidade com suas finalidades institucionais ou, quando menos, que as informações das quais é titular, justamente em função de sua missão institucional perante a sociedade civil organizada ou perante o próprio Estado, em suas diversas ramificações e especializações, parecem-lhe relevantes para o proferimento de melhor decisão jurisdicional.[57]

---

e BUENO FILHO, Edgard Silveira. ***Amicus Curiae:*** a democratização do debate nos processos de controle da constitucionalidade. **Revista Diálogo Jurídico** – CAJ Centro de Atualização Jurídica. Salvador, v. 14, jun-ago. 2002. Disponível em <http://www.direitopúblico.com.br> Acesso em: 10 jul. 2014.

[56] BUENO, Cassio Scarpinella. ***Amicus Curiae:*** uma homenagem a Athos Gusmão Carneiro. Disponível em: <http://www.scarpinellabueno.com.br/Textos/Athos%20Gusm%E3o%20 Carneiro-Homenagem%20Cassio%20Scarpinella%20Bueno.pdf>. Acesso em 18 abr. 2014

[57] BUENO, Cassio Scarpinella. ***Amicus Curiae* no Processo Civil Brasileiro:** um terceiro enigmático, op.cit, p. 444.

A natureza do interesse, portanto, é determinante para afastar a figura do *amicus curiae* do assistente.

**(iv) Testemunhas:**[58] as testemunhas são auxiliares do juiz na compreensão dos fatos e que, por isso, e em função do seu caráter imparcial (art. 405 do CPC), poderiam ser equiparadas à figura do *amicus curiae*, como sugere Cassio Scarpinella Bueno.

Porém, na verdade, muito pouco há em comum entre ambos. É que, ao contrário do *amicus curiae*, a contribuição prestada pelas testemunhas ocorre a partir de sua memória dos fatos, considerados em si mesmo. Não prestam, elas, qualquer acréscimo de caráter técnico ou pluralista, o que fulmina sua equiparação com a figura objeto desse estudo.[59]

**(v) Curador especial:**[60] pode-se dizer, de forma genérica, que tal como a figura do curador especial, o *amicus curiae* age em nome próprio, em prol de direito alheio. Contudo, um exame mais atento revela que não há grande proximidade entre ambos.

Da análise das hipóteses de atuação do curador especial, previstas no art. 9º do CPC, extrai-se que seu objetivo é auxiliar a parte que não reúne condições de litigar.[61] Ao ingressar no processo, o curador especial passa a agir como se fosse o verdadeiro advogado da parte fragilizada, assumindo sua defesa.

Daí já se vê o seu afastamento da figura do *amicus curiae*. Como reiteradamente já se apontou aqui, a atuação do *amicus curiae* não visa a defender qualquer parte. Ele tutela "um interesse em si mesmo considerado", sendo que "o 'beneficiar' autor e réu é consequência de sua atuação; não a causa"[62], como já apontado por Cassio Scarpinella Bueno.

---

[58] A comparação entre a figura do *amicus curiae* e a testemunha é feita por: BUENO, Cassio Scarpinella. **Amicus Curiae no Processo Civil Brasileiro:** um terceiro enigmático, op.cit., p. 373-375;

[59] BUENO, Cassio Scarpinella. **Amicus Curiae no Processo Civil Brasileiro:** um terceiro enigmático, op. cit., p. 374.

[60] A comparação entre a figura do *amicus curiae* e o curador especial é feita por: BUENO, Cassio Scarpinella. **Amicus Curiae no Processo Civil Brasileiro:** um terceiro enigmático, op. cit., p. 391-394.

[61] Porque reputado incapaz, ausente ou porque está preso.

[62] Vide nota de rodapé 58.

## 2.7. Legitimidade para atuar nesse papel

As hipóteses em que a lei, de plano, designa quem deverá ser o *amicus curiae* (como ocorre com o dispositivo que prevê a intervenção da CVM nas causas envolvendo o mercado de capitais) não rendem debate sobre a legitimidade para desempenho do papel.

Porém, os casos em que a lei se limita a prever a oitiva de "terceiros" ou "órgãos ou entidades" geram grandes discussões sobre quem, efetivamente, pode ser *amicus curiae*.[63]

Embora seja certo que o exercício dessa função pressuponha amplo conhecimento da questão debatida, bem como certo grau de

---

[63] Nesse sentido, destacam-se:
– a decisão que admitiu, na condição de *amici curiae*, o Conselho Administrativo de Defesa Econômica – CADE, a União Federal e a Associação Brasileira de Supermercados – ABRAS, "eis que se acham atendidas, na espécie, quanto a tais entidades, as condições fixadas no art. 7º, § 2º, da Lei nº 9.868/99; e indeferiu a admissão, na qualidade de *amicus curiae*, a Companhia Brasileira de Distribuição, em recurso que versava sobre o direito à livre concorrência no comércio de combustíveis, "pois, embora qualificando-se como entidade privada, não preenche a exigência concernente à representatividade adequada." BRASIL. Supremo Tribunal Federal. Recurso Extraordinário n. 597165/DF, Relator Ministro Celso De Mello, Brasília, DF, prolatada em 04 de abril de 2011. Disponível em: <http://supremoemdebate.blogspot.com.br/2011/05/definindo-amicus-curiae-informativo-623.html> Acesso em 20 jun. 2014.
– a decisão que indeferiu o ingresso de uma sociedade de advogados, como *amicus curiae*, em recurso especial que tratava de matéria de interesse de aposentados e pensionistas, repetidos em numerosas causas patrocinadas pelo escritório interessado. BRASIL. Superior Tribunal de Justiça. Petição no Recurso Especial nº 1207071/RJ, Relatora Ministra Maria Isabel Gallotti, Brasília, DF, prolatada em 30 de maio de 2012. Disponível em: <https://ww2.stj.jus.br/processo/pesquisa/?src=1.1.2&aplicacao=processos.ea&tipoPesquisa=tipoPesquisaGenerica&num_registro=201001430498> Acesso em 20 jun. 2014.
– a decisão que indeferiu o ingresso da OAB, Seção do Estado do Rio de Janeiro, como *amicus curiae*, em demanda que discutia a quebra de sigilo de uma sociedade de advogados. BRASIL. Superior Tribunal de Justiça. Petição no Recurso em Mandado de Segurança nº 38.953/RJ, Relatora Ministra Maria Thereza de Assis Moura, Brasília, DF, prolatada em 06 de agosto de 2013. Disponível em: <https://ww2.stj.jus.br/processo/pesquisa/?src=1.1.2&aplicacao=processos.ea&tipoPesquisa=tipoPesquisaGenerica&num_registro=201201769982> Acesso em 20 jun. 2014.
– a decisão que indeferiu o ingresso da Elog Sudeste S/A, como *amicus curiae*, em ação que discutia os efeitos jurídicos decorrentes da não conversão da Medida Provisória n. 320/2006 sobre os pedidos administrativos formulados na Secretaria da Receita Federal do Brasil e não analisados durante sua vigência, nos termos do art. 62, §§ 3º e 11, da Constituição da República. BRASIL. Supremo Tribunal Federal. Arguição de Descumprimento de Preceito Fundamental n. 216, Relatora Ministra Cármen Lúcia, Brasília, DF, prolatada em 23 de novembro de 2011. Disponível em: <http://www.stf.jus.br/portal/processo/verProcessoAndamento.asp?incidente=39370> Acesso em 20 jun. 2014.

representatividade sobre os titulares dos direitos tutelados,[64] na prática, essa identificação mostra-se bastante árdua.

Nesse sentido, o trabalho de seleção feito pelo Superior Tribunal de Justiça e pelo Supremo Tribunal Federal merece destaque. Isso porque, conforme a consulta à jurisprudência dessas duas cortes revela, são comuns as investidas de órgãos e entidades que se reputam legitimados para participar de processos e recursos que admitem essa forma de intervenção.[65] Porém, há casos em que o interesse por trás do pedido do pretenso *amicus* é motivado apenas pela expectativa de obtenção de proveito próprio.[66]

Assim, essas duas cortes realizam criteriosa análise de pedidos de admissão de *amicus curiae*, a fim de identificar aqueles que efetivamente preenchem os requisitos da "pertinência da matéria" e da "representatividade adequada."[67] Os vértices desse exame foram muito bem detalhados pela Ministra Rosa Weber, do STF, na decisão monocrática prolatada no recurso extraordinário n. 592.891. Na ocasião, analisou-se pedido de admissão, como *amicus curiae*, do Estado do Amazonas, em recurso que discutia benefícios fiscais de IPI (imposto sobre produtos industrializados) na zona franca de Manaus. Dessa decisão (citada frequentemente pelas obras que se propõem a analisar a questão) extraem-se as seguintes lições:

---

[64] Sobre a questão, bem resume Carlos Eduardo Azevedo Pimenta: "À legitimidade para o ingresso do sujeito no processo exercendo a função de *amicus curiae* impõem-se a observância do binômio: representatividade e relevância da matéria em debate. (...) Se por um lado a representatividade liga-se ao caráter subjetivo do candidato a *amicus curiae*, por outro, a relevância da matéria compreende-se na dimensão objetiva da questão em análise perante o tribunal." PIMENTA, Carlos Eduardo Azevedo. **Perspectivas para o futuro do *amicus curiae* no novo Código de Processo Civil.** Jus Navegandi. Disponível em: <http://jus.com.br/artigos/35274/perspectivas-para-o-futuro-do-amicus-curiae-no-novo-codigo-de-processo-civil#ixzz3XnD3q83v> Acesso em 20 mar. 2015.

[65] Vide nota de rodapé n. 64.

[66] Nesse sentido, destaca-se a decisão que indeferiu o ingresso de advogado (pessoa física), como *amicus curiae*, em Recurso Especial Repetitivo que discutia o arbitramento de honorários advocatícios em execução provisória, sob o fundamento de que "a pretensão do peticionante não extravasa os seus próprios interesses, não há nenhuma representatividade na pretendida intervenção, tampouco relevância objetiva de suas manifestações" BRASIL. Superior Tribunal de Justiça., Petição no Recurso Especial nº 1293605/PR, Relator Ministro Luis Felipe Salomão, Brasília, DF, prolatada em 13 de setembro de 2012. Disponível em: <https://ww2.stj.jus.br/processo/pesquisa/?src=1.1.2&aplicacao=processos.ea&tipoPesquisa=tipoPesquisaGenerica&num_registro=201100875620> Acesso em 20 jun. 2014.

[67] Vide exemplos da nota de rodapé 64.

Os verdadeiros filtros à proliferação indevida de requerimentos de ingresso como *amicus curiae* decorrem do requisito da representatividade adequada, conjugado com os requisitos concernentes à utilidade e à conveniência da sua intervenção.

Por força do requisito da representatividade adequada, não se admite o ingresso no feito, na qualidade de *amici curiae*, de pessoas físicas ou jurídicas interessadas apenas – ou fundamentalmente – no desfecho do seu processo, como aquelas que têm recursos sobrestados na origem, aguardando o desfecho de processos com repercussão geral reconhecida por esta Corte (RE 590415, Rel. Min. Joaquim Barbosa, decisão monocrática proferida em 29.9.2011).

[...] Na dicção do Ministro Celso de Mello, "a intervenção do 'amicus curiae', para legitimar-se, deve apoiar-se em razões que tornem desejável e útil a sua atuação processual na causa, em ordem a proporcionar meios que viabilizem uma adequada resolução do litígio constitucional" (ADI 2.321 MC, Tribunal Pleno, Rel. Min. Celso de Mello, julgada em 25.10.2000, excerto da ementa)

Tais requisitos dizem respeito à apreciação, que o relator deve fazer, acerca da necessidade de ingresso de *amici curiae* no processo e, ainda, da efetiva contribuição que a sua intervenção pode trazer para uma solução ótima da lide jurídico-constitucional.

No caso concreto, estão presentes os requisitos legalmente exigidos para a intervenção dos requerentes na qualidade de *amici curiae*, assim como a utilidade e a conveniência da sua atuação.

A matéria, com repercussão geral reconhecida, é assaz relevante. Os requerentes têm expressiva representatividade frente ao tema discutido nos autos. E a complexidade fática e jurídica da questão seguramente recomenda que as suas contribuições sejam apreciadas por esta Corte.

Ante o exposto, defiro, com fundamento no art. 7º, § 2º, da Lei nº 9.868/99, o pedido do Estado do Amazonas e da AFICAM para que intervenham no feito na condição de *amici curiae*, podendo apresentar memoriais e, inclusive, proferir sustentação oral.[68]

---

[68] BRASIL. Supremo Tribunal Federal. Recurso Extraordinário n. 592891, Relator Ministra Rosa Weber, Brasília, DF, julgado em 15 de maio de 2012; Disponível em: <http://www.stf.jus.br/portal/processo/verProcessoAndamento.asp?incidente=2638514> Acesso em: 20 jun. 2014.

Esse exame de legitimidade, como se vê, precisa levar em conta itens como representatividade do órgão ou entidade, reputação, pertinência da contribuição, natureza do interesse etc.

Este estudo, porém, não se ocupará de modo detalhado dessa discussão, pois seu objetivo, como frisado, é tratar de uma forma de *amicus curiae* livre de controvérsia sobre legitimidade – qual seja: a atuação da CVM, nas demandas envolvendo o mercado de capitais.

### 2.8. O *amicus curiae* na prática

Diante da escassez de normas disciplinando a atuação do *amicus curiae* em juízo, é necessário recorrer à doutrina e principalmente à jurisprudência para se identificar os contornos do rito adotado quando do comparecimento dessa figura no processo.

Nossa análise começará pela forma de ingresso do *amicus* na lide.

Há, basicamente, duas formas de entrada do *amicus curiae*: as que ocorrem por provocação judicial, e aquelas que ocorrem por iniciativa do pretenso *amicus*.

Em regra, o ingresso mediante provocação judicial dá-se nas hipóteses em que a lei expressamente designa um órgão ou entidade para atuar em discussões envolvendo matérias que lhe são afetas (tal como aquela objeto deste estudo, que estabelece a atuação da CVM nas demandas envolvendo o mercado de capitais, bem como aquelas que determinam a intervenção do CADE e do INPI). No entanto, é possível que a intervenção provocada possa também ocorrer em casos em que a lei faculta sua manifestação de forma genérica (a exemplo do que preveem os arts. 543-A, parágrafo 6º, e 543-C, parágrafo 4º, do CPC).[69] É plenamente possível partir do relator a iniciativa de oficiar órgãos ou entidades de atuação pertinente à discussão prestes a ser julgada, a fim de contribuir com o debate. Isso, aliás, está previsto no art. 3º da Resolução n. 8/2008 do STJ, que trata do processamento e julgamento de recursos especiais repetitivos.

---

[69] BRASIL, Lei Federal n. 5.869/1973 ("CPC"):
Art. 543-A. [...] § 6º O Relator poderá admitir, na análise da repercussão geral, a manifestação de terceiros, subscrita por procurador habilitado, nos termos do Regimento Interno do Supremo Tribunal Federal.
Art. 543-C. [...] § 4º O relator, conforme dispuser o regimento interno do Superior Tribunal de Justiça e considerando a relevância da matéria, poderá admitir manifestação de pessoas, órgãos ou entidades com interesse na controvérsia.

Nesses casos (ou seja: tendo havido a provocação judicial), a admissão da intervenção parece prescindir de decisão posterior a aceitando já que, ao comparecer, o *amicus curiae* está atendendo à intimação do juízo.

Diferentemente ocorre com os casos em que a iniciativa de intervir parte daquele que pretende ocupar o papel de *amicus curiae*. Nestes casos, é preciso que a intervenção seja expressamente deferida pelo juiz e/ou relator. Ele fará uma análise da pertinência do pedido (considerando, principalmente, o potencial de contribuição do postulante) para, só então, autorizar (ou não) sua manifestação no processo.[70]

Da decisão que indefere pedido de admissão de *amicus curiae*, é cabível agravo regimental, embora isso não esteja especificado em qualquer norma. Essa brecha é admitida a partir do dispositivo (repetido nos regimentos internos de nossos tribunais) que prevê o cabimento desse recurso de toda decisão monocrática que causar prejuízo ao direito da parte.[71]

---

[70] É o que destaca Dirley da Cunha Júnior: "A intervenção do *amicus curiae*, como terceiro objetivamente interessado, entretanto, está condicionada à verificação, por parte do relator da ação, da relevância da matéria e da representatividade do postulante, com o que se fixou uma espécie de 'filtro' por meio do qual o relator admitirá ou não, a sei critério, a manifestação do amigo da corte." CUNHA JR., Dirley da. **A intervenção de terceiros no processo de controle abstrato de constitucionalidade** – a intervenção do particular, do co-legitimado, e do *amicus curiae* na ADIn, ADC e ADPF. In: DIDIER JR, Fredie (Coord.); WAMBIER, Teresa Arruda Alvim (Coord.). **Aspectos polêmicos e atuais sobre os terceiros no processo civil e assuntos afins.** São Paulo: Revista dos Tribunais, 2004, p. 164.
A respeito desse "filtro", vide exemplos constantes na nota de rodapé n. 64.

[71] Nesse sentido, confira-se: "MANDADO DE SEGURANÇA. AGRAVOS REGIMENTAIS. [...] INTERVENÇÃO DE TERCEIRO. LITISCONSORTE NECESSÁRIO. ASSISTENTE. *AMICUS CURIAE*. PEDIDO DE ADMISSÃO INDEFERIDO. [...] Não comporta deferimento o pedido de admissão no processo na qualidade de litisconsorte passivo se não esclarecido pelo requerente em que consiste a relação de direito material que mantém com as partes envolvidas na demanda, bem assim em que medida essa relação poderia ser afetada pela decisão que vier a ser proferida, não servindo a tal desiderato motivações de cunho institucional, econômico ou corporativo da entidade. 4. Comporta acolhimento o pleito de ingresso de terceiro no processo sob a perspectiva do instituto do *amicus curiae*, quando a medida tiver respaldo em precedente do STF. 5. Agravo regimental da União não-provido. Agravo regimental da Associação Brasileira dos Expostos ao Amianto – ABREA e outro parcialmente provido." BRASIL. Superior Tribunal de Justiça. Agravo Regimental no Mandado de Segurança n. 12.459/DF, Relator Ministro João Otávio de Noronha, Primeira Seção, Brasília, DF, julgado em 24 de outubro de 2007. Disponível em: <https://ww2.stj.jus.br/processo/pesquisa/?tipo Pesquisa=tipoPesquisaNumeroRegistro&termo=200602730972&totalRegistrosPorPagina =40&aplicacao=processos.ea> Acesso em: 20 jun. 2014.

O prazo para manifestação varia de acordo a hipótese de intervenção prevista em lei. Assim, por exemplo, a intervenção da CVM, prevista no art. 31 da Lei n. 6.385/1976, deve ocorrer no prazo de 15 (quinze) dias, contados da intimação. Nas intervenções admitidas em pedidos de uniformização no âmbito das Turmas Recursais de Justiça Federal, por sua vez, o prazo para manifestação é de 30 (trinta) dias, segundo prevê a Lei n. 10.259/2011. Há situações, ainda, em que a lei não prevê qualquer prazo para manifestação (a exemplo da intervenção admitida em ação direta de inconstitucionalidade, nos termos da Lei n. 9.868/1999), ou prevê que o prazo será fixado pelo juiz ou relator (a exemplo da manifestação de terceiros em sede de repercussão geral, prevista no art. 323, parágrafo 3º, do Regimento Interno do STF).

A análise da jurisprudência revela também que, na prática, costumam-se admitir pedidos de intervenção de *amicus curiae* até o início do julgamento da ação ou recurso.[72]

Admitida a intervenção, pode o *amicus curiae* apresentar sua contribuição, por meio de manifestação, parecer ou memorial, que poderá ser acompanhado de quaisquer documentos que os sustentem – como estudos,

---

[72] Nesse sentido, confira-se: "o *amicus curiae* somente pode demandar até a data em que o Relator liberar o processo para pauta". BRASIL. Supremo Tribunal Federal. Ação Direta de inconstitucionalidade n. 4071, Relator Ministro Menezes Direito Brasília, DF, julgado em 22 de abril de 2009: Disponível em: <http://www.stf.jus.br/portal/processo/verProcessoAndamento.asp?incidente=2611967> Acesso em 20 jun. 2014.
E ainda: "De acordo com os arts. 543-C, § 4º, do CPC e 3º, I, da Resolução STJ 8/2008, antes do julgamento do Recurso Especial admitido como representativo da controvérsia, o Relator poderá autorizar a manifestação escrita de pessoas, órgãos ou entidades com interesse no debate." BRASIL. Superior Tribunal de Justiça. Recurso Especial n. 1.309.529/PR, Relator Ministro Herman Benjamin, Primeira Seção, Brasília, DF, julgado em 28 de novembro de 2012: Disponível em: <https://ww2.stj.jus.br/processo/pesquisa/?tipoPesquisa=tipoPesquisaNumeroRegistro&termo=201200330130&totalRegistrosPorPagina=40&aplicacao=processos.ea> Acesso em 20 jun. 2014.
Em sentido contrário, porém, destaca-se: "Conforme precedentes desta Corte e do Eg. Supremo Tribunal Federal, o momento oportuno para intervenção, na qualidade de *amicus curiae*, no processo de ação direta de inconstitucionalidade, se dá no prazo inicial de 30 dias, destinado à instrução e colheita das informações prazo para habilitação do requerente." BRASIL, Superior Tribunal de Justiça. Agavo Regimental no Recurso Especial n. 775.461/DF, Relator Ministro Gilson Dipp, Quinta Turma, Brasília, DF, julgado em 06 de dezembro de 2005. Disponível em: <https://ww2.stj.jus.br/processo/pesquisa/?tipoPesquisa=tipoPesquisaNumeroRegistro&termo=200501383980&totalRegistrosPorPagina=40&aplicacao=processos.ea> Acesso em 20 jun. 2014.

pesquisas, dados estatísticos etc. O importante é que ele transmita ao juiz ou tribunal informações aprofundadas e fundamentadas sobre a questão posta em debate, de modo a auxiliar a decisão a ser tomada.[73]

Como observa Esther Maria Brighenti dos Santos:

> A manifestação do *amicus curiae* se resumirá em uma coletânea de citações de casos relevantes para o julgamento, artigos produzidos por profissionais jurídicos, informações fáticas, experiências jurídicas, sociais, políticas, argumentos suplementares, pesquisa legal extensiva que contenham aparatos corroboradores para maior embasamento da decisão pela Corte Suprema.[74]

A possibilidade de se admitir a sustentação oral do *amicus curiae* foi, por muito tempo, objeto de grande controvérsia. No STJ, por exemplo, a Corte Especial chegou a definir, em 2011, que não se admitiria a sustentação oral de *amicus curiae*, já que isso tumultuaria as pautas de julgamento da corte, normalmente já muito assoberbadas.[75] Posteriormente, passou a mitigar essa orientação, admitindo a sustentação oral, mediante compartilhamento do tempo previsto para sustentação dos advogados que representam as partes no processo ou no recurso.[76]

No STF, a questão é mais tranquila, já que o art. 131, parágrafo 3º, de seu Regimento Interno expressamente facultou esse exercício.

---

[73] É o que destaca Cassio Scarpinella Bueno, no item "3.3.2 – Apresentar informações e memoriais", da obra **Amicus Curiae no Processo Civil Brasileiro**: um terceiro enigmático, op. cit., p. 595.

[74] SANTOS, Esther Maria Brighenti dos. **Amicus curiae**: um instrumento de aperfeiçoamento nos processos de controle de constitucionalidade. Jus navegandi. Disponível em: <http://jus.com.br/artigos/7739/amicus-curiae#ixzz2zTfljEd7> Acesso em 20 abr. 2014.

[75] Conforme: BRASIL. Superior Tribunal de Justiça. Recurso Especial n. 1.205.946/SP, Relator Ministro Benedito Gonçalves, Corte Especial, Brasília, DF, julgado em 17 de outubro de 2011. Disponível em: <https://ww2.stj.jus.br/processo/pesquisa/?tipoPesquisa=tipoPesquisaNumeroRegistro&termo=201001366556&totalRegistrosPorPagina=40&aplicacao=processos.ea> Acesso em 20 jun. 2014.

[76] Conforme: BRASIL. Superior Tribunal de Justiça. Pet no Recurso Especial n. 1398260/PR, Relator: Mininistro Herman Benjamin. Primeira Seção. Brasília, DF, julgado em 31 de março de 2014. Disponível em: <https://ww2.stj.jus.br/processo/pesquisa/?tipoPesquisa=tipoPesquisaNumeroRegistro&termo=201302684132&totalRegistrosPorPagina=40&aplicacao=processos.ea> Acesso em: 20 jun. 2014.
Dela se extrai: "defiro o pedido de ingresso, na condição de *amicus curiae*, formulado pela Confederação Brasileira de Aposentados e Pensionistas – COBAP. Possibilito a sustentação oral do ora requerente, ficando a distribuição do tempo de arguição a ser definida oportunamente pelo Colegiado quando do julgamento."

Partindo da premissa de que o *amicus curiae* não se torna parte no processo, a jurisprudência tem, de forma firme, concluído por sua ilegitimidade para interposição de recurso contra a decisão ou acórdão ao final prolatado no caso. Entende-se que sua atuação esgota-se com os préstimos oferecidos até a prolação da decisão e que, ainda que ela venha a ser contrária à posição por ele exposta, não pode dela recorrer (sequer para pedir o esclarecimento de omissões, contradições ou obscuridades). Isso porque, não são seus os direitos que estão em jogo.[77]

Contudo, a hipótese de intervenção que mais interessa a este estudo (qual seja: a da CVM) contém exceção a essa máxima. Conforme se verá com mais detalhe no subitem 3.5 do capítulo 3, a lei expressamente conferiu à CVM legitimidade para interpor recursos, caso as partes assim não o façam.

A mesma exceção (garantindo ao *amicus* legitimidade para recorrer) também está prevista no parágrafo único do art. 5º da Lei n. 9.469/1997,

---

[77] Conforme: BRASIL. Supremo Tribunal Federal. Ação Direta de Inconstitucionalidade n. 3934-ED-AgR, Relator Ministro Ricardo Lewandowski, Tribunal Pleno, julgado em 24 de fevereiro de 2011. Disponível em: <http://www.stf.jus.br/portal/processo/verProcessoAndamento.asp?incidente=2544041> Acesso em: 20 jun. 2014. Dela se extrai: "Por não serem parte e sequer assistentes litisconsorciais, mas entidades parciais aptas a contribuir com a Corte, nega-se aos *amici curiae* legitimidade para recorrer."
BRASIL. Supremo Tribunal Federal. Ação Direta de Inconstitucionalidade n. 3615 ED, Relatora Ministra Cármen Lúcia, Tribunal Pleno, julgado em 17 de março de 2008, Disponível em: <http://www.stf.jus.br/portal/processo/verProcessoAndamento.asp?incidente=2337720> Acesso em: 20 jun. 2014. Dela se extrai: "A jurisprudência deste Supremo Tribunal é assente quanto ao não-cabimento de recursos interpostos por terceiros estranhos à relação processual nos processos objetivos de controle de constitucionalidade. 2. Exceção apenas para impugnar decisão de não-admissibilidade de sua intervenção nos autos. 3. Precedentes. 4. Embargos de declaração não conhecidos."
BRASIL. Superior Tribunal de Justiça. Embargos de Declaração no Recurso Especial n. 1261020/CE, Relator Ministro Mauro Campbell Marques, Primeira Seção, julgado em 13 de março de 2013, Disponível em: <https://ww2.stj.jus.br/processo/pesquisa/?tipoPesquisa=tipoPesquisaNumeroRegistro&termo=201101441260&totalRegistrosPorPagina=40&aplicacao=processos.ea> Acesso em: 20 jun. 2014. Dela se extrai: "As entidades que ingressam na relação processual na condição de amicus curiae não possuem interesse imediato naquela determinada lide, sendo admitidas apenas com a finalidade de subsidiar o magistrado com informações úteis ao deslinde das discussões judiciais de interesse coletivo. Portanto, não se revela cognoscível a pretensão do sindicato embargante de sanar omissões indicadas em seus aclaratórios, diante de sua flagrante ilegitimidade recursal."

que trata da intervenção das pessoas jurídicas de direito público nas causas cuja decisão possa ter reflexos, ainda que indiretos, de natureza econômica.

## 2.9. O *amicus curiae* no novo Código de Processo Civil

O novo Código de Processo Civil (Lei n. 13.105/2015), que deverá entrar em vigor em 17 de março de 2016, inova ao admitir (inclusive, com esse *nomen juris*), a intervenção do *amicus curiae*, de forma generalizada, ou seja, em qualquer processo e qualquer grau de jurisdição.

Segundo sua previsão:

> Art. 138. O juiz ou o relator, considerando a relevância da matéria, a especificidade do tema objeto da demanda ou a repercussão social da controvérsia, poderá, por decisão irrecorrível, de ofício ou a requerimento das partes ou de quem pretenda manifestar-se, solicitar ou admitir a manifestação de pessoa natural ou jurídica, órgão ou entidade especializada, com representatividade adequada, no prazo de 15 (quinze) dias de sua intimação.
>
> § 1º A intervenção de que trata o *caput* não implica alteração de competência nem autoriza a interposição de recursos, ressalvadas a oposição de embargos de declaração e a hipótese do § 3º.
>
> § 2º Caberá ao juiz ou relator, na decisão que solicitar ou admitir a intervenção, definir os poderes do *amicus curiae*.
>
> § 3º O *amicus curiae* pode recorrer da decisão que julgar o incidente de resolução de demandas repetitivas.

A novidade é valiosa e consagra o mérito do instituto a partir das experiências até hoje admitidas em nosso ordenamento. Por isso, está sendo aplaudida pela doutrina. Carlos Gustavo Rodrigues Del Prá, por exemplo, registra que a novidade "representa importante evolução para o direito brasileiro, não só por poder providenciar avanços qualitativos na tutela jurisdicional em assuntos de relevância social, mas também por representar a criação de um mecanismo de participação democrática".[78]

As novidades não param por aí.

A permissão de que o papel de *amicus curiae* seja exercido por *pessoa natural ou jurídica* é também inédita. Essa novidade é elogiada por Alexandre

---

[78] DEL PRÁ, Carlos Gustavo Rodrigues. Primeiras impressões sobre a participação do *amicus curiae* segundo o projeto do novo Código de Processo Civil (art. 322). **Revista de Processo.** São Paulo, v. 36, n. 194, p. 308, abr. 2011.

Gustavo Melo Franco Bahia, após observar que tal alteração "vai contra o entendimento esposado (...) da jurisprudência existente no STF sobre o tema, é dizer, da limitação até hoje imposta ao não reconhecimento de 'amici' que sejam 'pessoa natural ou jurídica'. Há, pois, um avanço significativo no projeto."[79]

A redação do art. 138 do novo CPC também pretende encerrar a discussão doutrinária e jurisprudencial hoje existente sobre a legitimidade recursal do *amicus curiae*, vedando-lhe essa possibilidade, exceto para oposição de embargos de declaração (parágrafo 1º), ou quando em face "da decisão que julgar o incidente de resolução de demandas repetitivas" (parágrafo 3º).

Cassio Scarpinella Bueno critica essa limitação. Para ele:

> A solução, restritiva, afina-se com a jurisprudência que vem predominando, mas, com o devido respeito, não é a melhor. O ideal seria permitir expressamente que o *amicus curiae* recorresse em prol do interesse que justifica a sua intervenção. Até porque, bem entendida a razão de ser da sua intervenção, pode ser que as informações por ele aportadas ao processo não tenham sido devidamente compreendidas pelo magistrado, a justificar a *sucumbência* autorizadora do recurso.[80]

Já a liberdade concedida ao juiz ou relator para "definir os poderes do *amicus curiae*", nos termos do parágrafo 2º, é bastante enaltecida por esse autor, especialmente porque, com isso, evitam-se "discussões sobre o papel que o *amicus curiae* pode ou não assumir".[81]

Dentre as críticas recebidas pelo novo dispositivo, destaca-se o receio de que ele termine virando letra morta, por falta de divulgação. O desconhecimento, hoje, já afeta o rendimento de alguns dispositivos que prevêem a atuação do *amicus curiae* no ordenamento atual. Por isso, autores como Carlos Gustavo Rodrigues Del Prá vem chamando a atenção para a necessidade de se difundir o uso da figura. Para ele, o melhor seria se a lei tivesse estabelecido que, "uma vez verificando a existência dos requisitos dispostos no art. 322, (...) poderia o próprio juiz ou relator determinar a

---

[79] BAHIA, op.cit., p. 278.
[80] BUENO, Cassio Scarpinella. **Projetos de Novo Código de Processo Civil comparados e anotados**. São Paulo: Saraiva, 2014, p. 186.
[81] Ibidem.

divulgação da existência da questão posta em juízo e da possibilidade da participação de terceiros, como *amicus curiae*".[82]

Independentemente das críticas já lançadas, é inegável que o novo CPC representa enorme avanço em relação a questão.

[82] DEL PRÁ, 2011, op. cit, p. 313-314.

# Capítulo 3
## A atuação da Comissão de Valores Mobiliários como *amicus curiae* no Judiciário

A atuação da CVM na qualidade de *amicus curiae* poderia, em princípio, não ser alvo da quantidade de controvérsias que circundam, de modo geral, a figura do *amicus curiae* em nosso ordenamento jurídico. Isso porque o art. 31 da Lei n. 6.385/1976 (com redação dada pela Lei n. 6.616/1978) detalha os casos em que ela deve ocorrer, o momento processual, o prazo para manifestação e até a legitimidade recursal da autarquia.

Porém, sequer essa forma de intervenção (razoavelmente sistematizada) está livre de discussões, como evidenciará o presente capítulo.

### 3.1. Previsão legal e seus fundamentos

Dotado de uma especificidade técnica *sui generis*, o direito do mercado de capitais é um sistema complexo e bastante dinâmico. Suas questões são minuciosamente regulamentadas por meio de resoluções e instruções, sujeitas a constantes alterações, e que frequentemente exigem o domínio de conceitos extrajurídicos (especialmente contábeis e econômicos) para sua correta aplicação. A própria linguagem empregada é, de modo geral, *ad hoc* ou estrangeira, o que dificulta a compreensão por aqueles que não conhecem suas sutilezas.[83] Além disso, operações corriqueiramente realizadas nesse âmbito não estão dentre as mais tradicionalmente

---

[83] A exemplo de termos como derivativos, *hedge, insider trading,* etc.

estudas por nosso direito civil, nem entre as mais comumente discutidas no Poder Judiciário.[84]

Como bem observa Osvaldo Hamilton Tavares:

> Não é fácil entender o mecanismo do Mercado de Capitais. São frequentes os ligeiros artifícios, visando a resultado rendoso e muito se implica na investigação retrospectiva dos fatos. Nos negócios de Bolsa de Valores, ou mesmo do mercado de balcão (over-the-counter-market), aparece a blandícia vulpiana, o enredo sutil, a aracnídea urdidura, tudo sob o império vigilante do jogo da inteligência.
>
> O juiz, pela própria natureza de sua formação profissional, não está em condições de resolver todos os problemas que se apresentam à sua apreciação.[85]

De fato, não é razoável esperar que os magistrados, por mais qualificados que sejam, tenham condições de interpretar e bem aplicar normas envolvendo conceitos altamente técnicos, como destaca Cassio Scarpinella Bueno:

> A crença de que o Juiz sempre sabe o direito é, claramente, um dogma. Um dogma que, mesmo no "modelo tradicional" de legislação, sempre recebeu alguma margem de atenuação, como faz prova o nosso próprio Código de Processo Civil, que admite, em alguma medida, a necessidade da produção da prova de um "direito" a que o juiz, presumivelmente, não tem acesso ou que não tem conhecimento.[86]

Da mesma forma, Paulo Cezar Aragão destaca:

> num sistema judiciário que já alterou o Código de Processo Civil, quase contemporâneo da Lei no. 6.404/76, mais de 50 vezes [...], não se pode realisticamente esperar que um juiz de uma comarca do interior, por mais esforçado que seja, esteja perfeitamente atualizado quanto às últimas orientações técnicas acerca da aplicação do método da equivalência patrimonial e da amortização

---

[84] Tais como: ofertas públicas, aluguel de ações, swaps, opções etc.
[85] TAVARES, Osvaldo Hamilton. A CVM como *amicus curiae*. **Revista dos Tribunais**, São Paulo, v. 82, n. 690, p. 286, abril de 1993.
[86] BUENO, Cassio Scarpinella. **Amicus Curiae no Processo Civil Brasileiro**: um terceiro enigmático, op.cit., p. 33.

de ágios e deságios, ou ainda das sutis distinções teóricas entre a disciplina da incorporação de ações e aquela da incorporação de sociedades.[87][88]

O autor prossegue, comentando a complexidade envolvida em se definir (e tipificar!) termos como "manipulação de mercado", "uso indevido de informação privilegiada", ou interpretar eventos ainda mais sofisticados:

> Imagine-se, por exemplo, uma questão complexa relativa a negócios com derivativos no mercado de futuros: não é realista esperar que o Poder Judiciário tenha familiaridade com esse tipo de questão e possa efetivamente tomar em conta os fatores relevantes na determinação da regularidade de uma operação de *hedge*, [...].[89]

Diante desse cenário, é preciso admitir a figura de um "alguém" que tenha "condições efetivas de trazer para o juiz, voluntariamente ou quando devidamente provocado, conhecimento que não se pode esperar seja dominado pelo juiz, mesmo pelos melhores juízes."[90]

No campo do mercado de capitais, a solução está no art. 31 da Lei n. 6.385/1976 (com redação dada pela Lei n. 6.616/1978) que atribuiu à CVM a função auxiliar nos litígios que discutem matérias de sua competência, oferecendo parecer ou prestando esclarecimentos ao juiz.

---

[87] ARAGÃO, op.cit. p. 41.
[88] Esse déficit de conhecimento possivelmente também se agrava pela ausência de varas especializadas na matéria, como sugerem os autores da obra Mercado de Capitais – Regime Jurídico. Segundo eles: "Em nosso ordenamento jurídico, são raros os órgãos judiciais dotados de competência especializada em matéria empresarial, daí a possibilidade conferida à CVM para cooperar com o judiciário visando a melhor adequação de suas decisões a tais questões." EIZIRIK, Nelson; et al. **Mercado de Capitais – Regime Jurídico**. 3. ed. Rio de Janeiro: Renovar, 2011, p. 279.
Paulo Cezar Aragão, porém, destaca que: "mesmo a especialização – limitada na prática às comarcas de uma ou outra capital e a um ou outro tribunal de segunda instância – não consegue superar um obstáculo evidente: o juiz é que deveria ser especializado; não a vara empresarial." Contudo, considerando-se a tímida frequência do tema no Poder Judiciário, o autor frisa que não é razoável esperar dos magistrados o aprofundamento no estudo dessas questões, "a não ser que o magistrado tenha tido sempre um interesse pessoal pela matéria". ARAGÃO, op.cit. p. 41.
[89] ARAGÃO, op.cit., p. 45-46.
[90] BUENO, Cassio Scarpinella. ***Amicus Curiae* no Processo Civil Brasileiro:** um terceiro enigmático, op. cit., p. 34.

Segundo esse dispositivo:

> Art. 31 – Nos processos judiciários que tenham por objetivo matéria incluída na competência da Comissão de Valores Mobiliários, será esta sempre intimada para, querendo, oferecer parecer ou prestar esclarecimentos, no prazo de quinze dias a contar da intimação.
> § 1º – A intimação far-se-á, logo após a contestação, por mandado ou por carta com aviso de recebimento, conforme a Comissão tenha, ou não, sede ou representação na comarca em que tenha sido proposta a ação.
> § 2º – Se a Comissão oferecer parecer ou prestar esclarecimentos, será intimada de todos os atos processuais subsequentes, pelo jornal oficial que publica expedientes forense ou por carta com aviso de recebimento, nos termos do parágrafo anterior.
> § 3º – A comissão é atribuída legitimidade para interpor recursos, quando as partes não o fizeram.
> § 4º – O prazo para os efeitos do parágrafo anterior começará a correr, independentemente de nova intimação, no dia imediato aquele em que findar o das partes.

Marcos Paulo de Almeida Salles salienta que, assim como a quase totalidade das previsões contidas na Lei n. 6.385/1976, o art. 31 foi inspirado no direito norte-americano, a partir da função lá exercida pela *Securities and Exchange Commission* ("SEC").[91] Destaca, porém, que o instituto não foi transportado de forma idêntica, especialmente porque lá a intervenção não ocorre em caráter obrigatório. Segundo observa:

> Trata-se da figura do assistente do juiz, que age, no entanto, de maneira um tanto diferente da norte-americana, pois lá o juiz é que se socorre da SEC quando entender necessário à formação de seu juízo, enquanto que no direito brasileiro a intimação é sempre obrigatória e a CVM é que pode ou

---

[91] Também nesse sentido (indicando a atuação da SEC como inspiração do art. 31 da Lei n. 6.385/1976), é o texto de Osvaldo Hamilton Tavares: "Para evitar novo 'krach' em Bolsa de Valores nos Estados Unidos e para fiscalizar as companhias abertas ('open companies'), foi criada, em 1934, a 'Securities and Exchange Commission' (SEC), que no Direito norte-americano, funciona como 'amicus curiae'.
Inspirando-se na 'Securities and Exchange Commission', o legislador brasileiro criou a Comissão de Valores Mobiliários (Lei nº 6.385, de 7.12.1976), que é uma entidade autárquica, vinculada ao Ministério da Fazenda." TAVARES, op. cit., p. 286.

não comparecer, pois poderá furtar-se de prestar esclarecimentos ou informações.[92] [93]

[92] SALLES, Marcos Paulo de Almeida. Mercado de Valores Mobiliários e Comissão de Valores Mobiliários. In: **Comentários à Lei das Sociedades por Ações** (Lei 6404/76), v. 3. VIDIGAL, Geraldo de Camargo; MARTINS, Ives Gandra da Silva (Coord.). São Paulo, Co-edição entre Instituto dos Advogados de São Paulo e Resenha Universitária, 1980, p 137.

[93] Mais detalhes a respeito da atuação, como *amicus curiae*, da Securities and Exchange Commission – "SEC", podem ser obtidos no site <http://www.sec.gov/litigation/amicusbriefs.shtml>, onde estão disponíveis os pareceres apresentados pela Comissão, desde 1996.
 Ademais, clicando no link "Request for Commission *Amicus* Participation in a Pending Case", extraem-se as seguintes informações:
(i) Pareceres da SEC, na qualidade de *amicus curiae*, podem ser apresentados em processos que suscitem questões de relevância para a administração das leis federais relativas a valores mobiliários – "The Commission files amicus curiae briefs in cases raising issues of significance to the administration of the federal securities laws."
(ii) Embora o pronunciamento judicial da SEC geralmente ocorra em resposta a convites encaminhados pelos tribunais, os advogados que representam judicialmente as partes podem provocá-lo, mediante o encaminhamento de correspondência, chamando a atenção da Comissão para o caso – "Although many of these briefs are filed in response to invitations from courts, often they are filed after cases are brought to the attention of the Commission's staff by lawyers representing parties in private lawsuits. As the office responsible for considering requests to review cases to determine whether to recommend Commission amicus participation, the Office of the General Counsel is providing this statement to advise lawyers and others about how to bring cases to the staff's attention and the considerations bearing on our review of those cases."
(iii) A equipe da SEC geralmente recomenda a intervenção de *amicus* só depois que o caso chegou a um tribunal, em grau de recurso. Em alguns casos, no entanto (onde a interposição de recurso é pouco provável ou quando outros fatores indiquem a necessidade de envolvimento/aconselhamento precoce), a intervenção pode ocorrer antes disso (ou seja, durante a fase ordinária do processo) – "the staff usually recommends amicus participation only after a case has reached an appellate court. In some instances, however, where it is unlikely that appellate review will occur, or other factors counsel early involvement, the staff may recommend trial court participation."
(iv) Para decidir sobre a necessidade ou não da intervenção como *amicus curiae*, a SEC geralmente considera os seguintes fatores: (a) se a decisão no caso pode se tornar um precedente de substancial impacto; (b) se o caso levanta questões importantes para a capacidade da Comissão de levar a cabo os seus objectivos estatutários ou de outras importantes questões de direito de valores mobiliários; (c) a existência de um potencial conflito entre as leis de valores mobiliários e outras leis federais ou estaduais envolvidos; e (d) se o parecer pode proporcionar uma oportunidade para convencer o tribunal a adotar uma posição estreita ou moderada, ao invés de uma ampla e potencialmente prejudicial – "In deciding whether to recommend that the Commission file an amicus brief, the staff generally considers the following factors: (a) whether the decision in the case is likely to have substantial precedential impact; (b) whether the case raises issues important to the Commission's ability to carry out

A despeito dessa inspiração estrangeira, o instituto assumiu, no Brasil, contornos particulares, que corporificaram o papel colaborativo da CVM com o Poder Judiciário.

Mediante a apresentação de esclarecimentos ou parecer, a autarquia presta apoio técnico, auxiliando o magistrado na subsunção dos fatos e eventos objetos da controvérsia às regras do mercado de capitais. Ou seja, municia o juiz do conhecimento especializado necessário à aplicação da regulamentação setorial ao caso concreto.

Osvaldo Hamilton Tavares afirma que:

> a Comissão de Valores Mobiliários deverá traduzir para o juiz aquelas impressões e conclusões que colheram no exame dos fatos do processo, tornando acessível ao conhecimento do magistrado aquilo que normalmente ele não poderia conseguir sozinho, ou somente o conseguiria após um ingente esforço.[94]

Para se ter ideia da utilidade dessa colaboração, é possível pensar na dificuldade enfrentada por um juiz que se vê em face de demanda de reparação de danos fundada na alegação de que determinada companhia aberta deixou de divulgar ao mercado "fato relevante". Sabe-se que o termo "fato relevante" (cuja divulgação, pelos administradores de companhias abertas, é obrigatória, como corolário do princípio da transparência) é tratado tanto pelo art. 155, parágrafo 1º, da Lei n. 6.404/1976 (Lei das Sociedades por Ações), como pelo artigo 2º da Instrução Normativa n. 358/2002, da CVM. Ambos o definem como sendo aquele potencialmente capaz de influenciar na cotação dos valores mobiliários da companhia aberta, ou na decisão dos investidores de comprar, vender, manter ou exercer quaisquer direitos relativos a esses títulos; sendo que o parágrafo único da Instrução Normativa n. 358/2002 da CVM apresenta alguns exemplos de eventos que podem ser assim qualificáveis (quais sejam: a mudança de controle da companhia, o fechamento de seu capital, incorporação, fusão,

---

its statutory objectives or other important securities law issues; (c) whether there is a potential conflict between the securities laws and other federal or state laws involved; and (d) whether the brief might provide an opportunity to convince the court to adopt a narrow or moderate holding, rather than a broad and potentially damaging one."
Disponível em: <http://www.sec.gov/litigation/briefs/amicusrequest.htm> Acesso em: 08 mar. 2015.

[94] TAVARES, op.cit, p. 150.

cisão, dissolução da companhia etc). Contudo, e como adverte o próprio parágrafo único do artigo 2º. da Instrução Normativa n. 358/2002, esses exemplos não são exaustivos. Muitos outros eventos podem ser enquadrados como "fatos relevantes", cuja não divulgação pode vir a ensejar, no âmbito cível, o dever de reparar da companhia emissora. É o que asseveram Nelson Eizirik e outros:

> Com o objetivo de facilitar a identificação, por parte dos administradores da companhia aberta, de situações que poderiam dar ensejo à necessidade de divulgação, o parágrafo único do artigo 2º apresenta uma série de atos ou fatos que podem ser relevantes, entre os quais: (...)
> O critério fundamental para configurar um fato relevante, contudo, não consiste na mera verificação se ele está incluído na relação exemplificativa da Instrução CVM n. 358/2002, mas em saber se ele é capaz de influenciar a cotação dos valores mobiliários de emissão da companhia, a intenção dos investidores de comprá-los ou vendê-los ou de exercerem quaisquer direitos inerentes à condição de seus titulares.[95]

Evidentemente, é neste momento (em que o magistrado precisa analisar o conjunto fático para concluir se, realmente, foram ocultados fatos qualificáveis como relevantes) que residem as dificuldades. Como bem pontuam Nelson Eizirik e outros: "Nem sempre é fácil a conclusão sobre a 'relevância' ou não da informação", pois não há fórmula genérica e segura para se determinar o momento em que as informações passam a referir-se a fatos relevantes.[96]

Nesse exemplo, é aí que a intervenção da CVM no processo pode ajudar. Dada a sua expertise, a autarquia apresenta-se em condições de contribuir com a prestação jurisdicional, mediante a apresentação de parecer acerca da relevância e efeitos do fato questionado (que, quiçá, podem até já ter sido analisados por ela, no âmbito da esfera administrativa).

Essa contribuição prestada pela CVM, é preciso frisar, não prejudica a possibilidade de nomeação de perito judicial para analisar e auxiliar na solução da controvérsia, frente às especificidades do caso concreto. É que, como abordado no capítulo anterior, as funções do *amicus curiae* e do perito não se confundem: enquanto o primeiro (*amicus curiae*) fornece

---
[95] EIZIRIK, et al., op.cit., p. 559.
[96] EIZIRIK, et al., op.cit., p. 561.

contribuições técnicas sobre a questão em debate, baseada em sua *expertise* ontológica, a participação do segundo (perito) visa a fornecer conclusões técnicas a partir dos elementos dos autos (que, por vezes, podem envolver questões mais amplas que as atreladas ao mercado de capitais). Ou seja, a análise do perito pode vir a extrapolar o âmbito da matéria sobre a qual a CVM pode se manifestar. Por outro lado, também é possível que a participação da CVM seja mais ampla que a análise do perito, já que a autarquia não necessariamente se limita a fornecer uma análise técnica a partir da prova dos autos: pode ela, inclusive, extrair conclusões jurídicas, as vezes aproveitando análises já realizadas a respeito dos mesmos fatos, na via administrativa.[97]

Com esse duplo instrumento de apoio, potencializa-se o oferecimento de uma prestação jurisdicional mais qualificada, o que não apenas contribui para aumentar a credibilidade do Poder Judiciário, mas do próprio mercado de capitais.

Isso porque as decisões judiciais geram precedentes que "acabam, de forma mais ou menos intensa, afetando *o que* se vai decidir ou *como* se vai decidir em casos futuros."[98]

Nessas condições, a certeza de que entes abalizados contribuem e até fiscalizam a aplicação da lei no processo assume fator de legitimação das decisões jurisdicionais, inspirando confiança aos jurisdicionados.

Com bem observa Marcelo Lapolla: "O zelo pelo regular e eficiente funcionamento dos mercados de bolsa e balcão, sua expansão e a proteção dos participantes do mercado, impõem que a autarquia se envolva em questões que possam colocar em risco o equilíbrio do mercado."[99]

Com efeito, a confiança que os protagonistas desse mercado necessitam para nele investir advém da crença de que a legislação setorial será

---

[97] Conforme: CAMBI; DAMASCENO, op.cit., p. 24.
[98] BUENO, Cassio Scarpinella. **Amicus Curiae no Processo Civil Brasileiro:** um terceiro enigmático, op.cit., p. 627. Referido autor trata da questão referindo-se aos "efeitos persuasivos" e "efeitos vinculantes" das decisões jurisdicionais.
[99] LAPOLLA, Marcelo. Atuação da CVM em processos judiciais condiz com busca por qualidade em decisões. **Espaço Jurídico Bovespa.** Disponível em: <http://www.salussemarangoni.com.br/ckfinder/userfiles/files/MAA_15-09-2011.pdf> Acesso em: 08 dez. 2013.

cumprida ou, pelo menos, corretamente aplicada pelo órgão responsável por seu *enforcement*.[100]

Por isso, ao ajudar o Poder Judiciário a decidir de forma coerente com as normas e princípios aplicáveis ao tema, a CVM cumpre seu papel de proteger e estimular o mercado de capitais.

### 3.2. O interesse que move a atuação da Comissão de Valores Mobiliários como *amicus curiae*

O interesse que move a atuação da CVM como *amicus curiae* é denominado pela doutrina de *interesse institucional* – que, no caso, deve ser entendido como aquele que visa a garantir que a legislação do mercado de capitais seja corretamente aplicada.

Segundo Cassio Scarpinella Bueno:

> O *interesse* que motiva a sua intervenção não diz respeito às posições subjetivas e individuais expostas no processo em que contendem autor e réu. Trata-se, bem diferentemente, de um interesse que transcende as esferas jurídicas das partes e que se relaciona muito mais a interesses institucionais. No caso da CVM, interesse institucional de a legislação relativa ao mercado de capitais ser escorreitamente aplicada.[101]

Ainda segundo esse autor, essa previsão de intervenção, como *amicus curiae*, é muitíssimo valiosa, "considerando que é aquela autarquia – e nenhum outro ente federal, estadual, municipal ou distrital – que foi criada, por lei, especificamente para desempenhar essa tarefa no direito brasileiro", sendo que "não se espera de nenhum outro ente 'público' que saiba mais sobre a aplicação da lei" – no caso, do mercado de capitais – do que a CVM.[102]

Outrossim, o interesse que move a atuação da CVM em juízo tem natureza neutra/imparcial, na medida em que (i) não ocorre em salvaguarda

---

[100] É o que aponta o artigo de ANDRADE, Rafael de Almeida Rosa. **Uma revisão teórica e empírica da relação entre Judiciário e desenvolvimento do mercado de capitais.** Disponível em: <http://www.bmfbovespa.com.br/pdf/artigorafael.pdf> Acesso em: 23 maio 2014.
[101] BUENO, Cassio Scarpinella. **Amicus Curiae no Processo Civil Brasileiro:** um terceiro enigmático, op.cit., p. 274.
[102] Ibidem, p. 432-433.

de direito ou benefício próprios;[103] (ii) tampouco, dá-se em apoio de uma das partes no processo. Pelo contrário: a participação da CVM como *amicus curiae* ocorre sem imiscuir-se no conflito travado entre autor e réu, já que seu objetivo é auxiliar a prestação jurisdicional.

Nelson Eizirik e outros confirmam isso, afirmando que:

> Ao solicitarem essa intervenção, as partes evidentemente não tem qualquer garantia de que as manifestações da CVM serão favoráveis às suas teses. O ingresso da CVM na demanda judicial busca, independentemente de quem deu origem à sua intervenção, apresentar o seu posicionamento institucional, qualificado, técnico sobre a matéria que está no âmbito da sua competência.[104]

O interesse institucional, ainda segundo Cassio Scarpinella Bueno, possui caráter "altruísta", já que ocorre para "viabilizar que o magistrado compreenda adequadamente o difícil e específico contexto normativo que rege o mercado de capitais, aplicando da melhor forma possível o direito aos fatos conflituosos."[105]

Conforme se verá com mais detalhe no subitem 3.5 deste capítulo, é a qualidade desse interesse (*institucional*) que legitima a interposição de recurso pela autarquia, se as partes assim não fizerem (parágrafo 3º, art. 31 da Lei n. 6.385/1976).

### 3.3. Obrigatoriedade (ou não) da intimação e da intervenção da autarquia

Da redação do art. 31 da Lei n. 6.385/1976, extrai-se a conclusão que a intimação da CVM é obrigatória em todos os processos que digam respeito à suas atribuições administrativas.

Marcelo Lapolla, porém, entende haver espaço para a realização de um "juízo de pertinência" a respeito da necessidade dessa provocação, no momento em que o juiz "interpreta se a matéria em discussão se alinha com aquela inerente à regulação e fiscalização da autarquia". Destaca, contudo,

---

[103] É o que registra Cassio Scarpinella Bueno: "a CVM, sendo *amicus curiae*, não tem nenhuma espécie de interesse jurídico 'seu' no caso discutido, é dizer, não tem nenhum interesse ou 'direito' 'seu' subjetivado ou individualizado no processo." Ibidem, p. 275.
[104] EIZIRIK, et al., op.cit., p. 281.
[105] BUENO, Cassio Scarpinella. **Amicus Curiae no Processo Civil Brasileiro:** um terceiro enigmático, op. cit., p. 276.

que o excesso de zelo deve mover essa análise, ou seja, "em caso de dúvida do magistrado quanto ao cabimento do chamamento da CVM, sua intimação 'cautelar' não traz qualquer prejuízo ao processo ou às partes".[106]

Portanto, ao menor sinal de que a matéria em discussão verse sobre as questões de competência da autarquia, a cautela recomenda a intimação da CVM, na medida em que, rigorosamente, a não observância das formas prescritas em lei acarreta nulidade (art. 166, IV, do Código Civil).

Nesse sentido, ou seja, reconhecendo a nulidade de processo que discutiu matéria ligada ao mercado de capitais sem que tenha havido a intimação da CVM, já decidiu o Tribunal de Justiça do Paraná. Na ocasião, foi anulada a sentença, determinando-se o retorno dos autos à origem para que esse vício (bem como outros, atinentes à produção de provas) fosse corrigido, em atenção ao devido processo legal.[107] De forma semelhante, também já decidiu o Tribunal de Justiça de Minas Gerais.[108]

Mas esse entendimento não é uníssono na jurisprudência. Há julgados que entendem pela regularidade do processo sem que tenha havido intimação da autarquia, baseados no fundamento de que o *amicus curiae* presta apenas uma contribuição, que pode ser dispensada sem gerar nulidade porque "a lei assim não impõe", ou porque o juiz é livre para formar seu conhecimento. Nesse sentido, há acórdãos dos Tribunais do Paraná e do Rio de Janeiro.[109]

---

[106] LAPOLLA, Marcelo. Op.cit.
[107] PARANÁ. Tribunal Estadual de Justiça. Apelação Cível n. 369458-6. 9ª Câmara Cível. Relator Desembargador Tufi Maron Filho, Curitiba, PR, julgado em 22 de fevereiro de 2002. Disponível em: <http://portal.tjpr.jus.br/jurisprudencia/publico/pesquisa.do?actionType=pesquisar> Acesso em 20 jun. 2014
[108] MINAS GERAIS, Tribunal Estadual de Justiça. Apelação Cível n. 409.967-4, Relator Desembargador Dídimo Inocêncio de Paula, Belo Horizonte, MG, julgado em 02 de dezembro de 2004. Disponível em: <http://tj-mg.jusbrasil.com.br/jurisprudencia/5832350/200000040996740001-mg-2000000409967-4-000-1/inteiro-teor-11982143> Acesso em 20 jun. 2014.
Mais julgados sobre a questão estão relacionados na tabela n. 3, constante do capítulo 4.3 deste estudo.
[109] PARANÁ.Tribunal Estadual de Justiça. Apelação Cível n.º 969889-3, 6ª Câmara Cível, Relatora Desembargadora Ana Lúcia Lourenço, Curitiba, PR, julgado em 15 de outubro de 2013. Disponível em: <http://portal.tjpr.jus.br/jurisprudencia/publico/pesquisa.do?actionType=pesquisar> Acesso em: 20 jun. 2014.
RIO DE JANEIRO, Tribunal Regional Federal da 2ª Região. Apelação cível n. 200751010198494, Relator Desembargador Federal Paulo Barata, Rio de Janeiro, RJ, julgado em 27 de maio de

Sobre a iniciativa da intimação, tem-se que o correto é o juiz determiná-la *ex officio*, já que se trata de medida prevista em lei. Porém, se o juiz assim não fizer, "existe a possibilidade das próprias partes solicitarem, por via judicial, a sua manifestação no processo", como entendem Nelson Eizirik e outros.[110] Na prática, isso ocorre com frequência, conforme constatou o levantamento empírico realizado no capítulo 4 deste estudo.

Marcelo Lapolla também admite a possibilidade de intervenção voluntária da CVM, ou seja, independente de intimação, "sempre que tomar conhecimento de alguma ação judicial que se refira as suas atribuições administrativas".[111]

Após intimada, a CVM avaliará a necessidade de sua intervenção, já que o comando legal expressamente faculta esse juízo de conveniência, ao utilizar o termo "querer".

Sobre a questão, os comentários de Cassio Scarpinella Bueno são esclarecedores:

> Uma vez intimada, a CVM pode ou não manifestar-se em juízo. É claro, no particular, o caput do art. 31 da Lei n. 6.385/76. A melhor interpretação do dispositivo, no entanto, é no sentido de que a CVM só deixará de se manifestar justificadamente perante o juízo. Seja porque entende que a hipótese não comporta sua intervenção (não estão presentes os pressupostos do art. 31) ou porque entende que, não obstante a hipótese ser a prevista na lei, as informações constantes dos autos já são suficientes.[112]

Ainda segundo Cassio Scarpinella Bueno: "Se, é certo, sua intimação é obrigatória – no que é claro o *caput* do dispositivo –, não existe qualquer nulidade cominada pelo seu não-comparecimento."[113]

---

2008. Disponível em: <http://jurisprudencia.trf2.jus.br/v1/search?q=cache:ShqV7i69OE4J:trf2nas.trf.net/iteor/TXT/RJ0108310/1/74/252638.rtf+%22Verificase+que+a+norma+confere+%C3%A0+CVM+a+faculdade+de+integrar+o+feito+para+oferecer+parecer+ou+prestar+esclarecimentos+do+seu+interesse%22+&client=jurisprudencia&output=xml_no_dtd&proxystylesheet=jurisprudencia&lr=lang_pt&ie=UTF-8&site=acordao&access=p&oe=UTF-8> Acesso em 20 jun.2014.

[110] EIZIRIK, et al., op.cit., p. 280.
[111] LAPOLLA, op.cit.
[112] BUENO, Cassio Scarpinella. **Amicus Curiae no Processo Civil Brasileiro**: um terceiro enigmático, op. cit., p. 280.
[113] Ibidem, p. 280/281.

Uma hipótese evidente de prescindibilidade da manifestação da CVM, mesmo versando a demanda sobre o mercado de capitais, é apontada por Márcia Tanji:

> Com efeito, a atuação em tal qualidade requer imparcialidade e, muitas vezes, esta lhe é suprimida, a exemplo da hipótese em que a autarquia federal figura como ré naqueles autos judiciais ou em outros, nos quais se debatem os mesmos fatos, apresentando-se notória a ausência de imparcialidade, de forma a impedir sua manifestação na qualidade de 'amicus curiae'." [114]

O texto de Andréa Háfez também aponta que:

> A Procuradoria Especializada da CVM só deixa de se manifestar como *Amicus Curiae* em questões que não se insiram no âmbito de competência da autarquia, e envolvam apenas interesses específicos das partes, ou em situações nas quais a CVM se encontra em conflito de interesses com qualquer uma das partes. [115]

Em parecer, José Manoel Arruda Alvim analisou processo judicial que discutia os efeitos jurídicos de determinada deliberação de acionistas, terminando por manifestar-se pela desnecessidade de intervenção da CVM, sob o fundamento de que se trataria de "demanda tipicamente de direito individual, movida única e exclusivamente por dois sócios, que discordam de critérios de administração do banco-réu".[116]

Na análise casuística feita no capítulo 4.3 deste de nosso estudo, verifica-se que a definição sobre a necessidade de intervenção da autarquia, face aos casos concretos, enseja ricas discussões. A título ilustrativo, pode-se citar que: (i) o Superior Tribunal de Justiça já decidiu que é prescindível a intimação da CVM quando se discute a viabilidade ou não de penhora de debênture em execução fiscal;[117] (ii) o Tribunal Regional Federal da 1ª

---

[114] TANJI, Márcia. **Mercado de Capitais brasileiro e tutela coletiva dos interesses.** São Paulo, 2009. n. de paginas. Dissertação como requisito para obtenção do título de mestre em direito – Faculdade de Direito da Universidade de São Paulo, São Paulo, p. 173, 2009.
[115] HÁFEZ, op.cit.
[116] ARRUDA ALVIM, José Manoel. Anulação de deliberação de conselho administrativo". **Direito Privado,** v. 2. São Paulo: Revista dos Tribunais, 2002, p. 260/289.
[117] BRASIL. Superior Tribunal de Justiça. Recurso Especial n.º 1117445, Relatora Ministra Eliana Calmon, 2ª Turma, Brasília, DF, julgado em 06 de outubro de 2009. Disponível em:

Região já decidiu que "as obrigações emitidas pela Eletrobrás em decorrência da Lei n. 4.156/62 não são consideradas como valores mobiliários", por isso é prescindível a intimação da CVM nos processos que tratam da questão;[118] (iii) o Tribunal Regional Federal da 2ª Região já decidiu que, se o feito não discutir "a legalidade e regularidade da emissão das debêntures ou a constitucionalidade do tributo nem a forma de sua devolução, mas tão somente a incidência da correção monetária sobre o valor pago a título de juros", inexiste motivo para intervenção da CVM.[119]

O vetor interpretativo dessa análise (sobre a necessidade de intervenção) parece envolver, portanto, o grau de proximidade do objeto da lide com as matérias de competência da CVM.

De todo modo, dada a importância e que o comparecimento da autarquia pode representar ao processo, ao mercado e ao próprio Poder Judiciário (pois, ao intervir, a CVM age para que a legislação setorial seja escorreitamente aplicada – inspirando, assim, confiança aos investidores e aos jurisdicionados), a interpretação da regra acerca da necessidade de intimação deve ser muito mais favorável do que contrária. Isso se afirma pois, já antecipando as conclusões da pesquisa empírica realizada no capítulo 4 deste estudo, embora seja possível notar certo comedimento dos magistrados em determinar a intimação da CVM, quando ela ocorreu e a autarquia compareceu ao processo, seus pareceres auxiliaram na solução da lide, tendo sido prestigiados pelas decisões judiciais que se seguiram.[120]

<http://www.stj.jus.br/SCON/jurisprudencia/toc.jsp?tipo_visualizacao=null&processo=1117445&b=ACOR&thesaurus=JURIDICO> Acesso em: 20 de jun. de 2014.

[118] DISTRITO FEDERAL. Tribunal Regional Federal da 1ª Região. Embargos de Declaração na Apelação Cível n. 0009750-41.2003.4.01.3400, Relator Desembargador Federal Leomar Barros Amorim de Sousa, 8ª Câmara. Brasília, DF, julgado em 01 de março de 2013. Disponível em: <http://jurisprudencia.trf1.jus.br/busca/> Acesso em 20 jun. 2014.

[119] RIO DE JANEIRO. Tribunal Regional Federal da 2ª Região. Agravo de Instrumento n. 232345 2013.02.01.0104928, Relatora Desembargadora Federal Maria Helena Cisne, 8ª Turma Especializada. Rio de Janeiro, RJ, julgado em 28 de novembro de 2013. Disponível em: <http://www.trf2.jus.br/Paginas/Resultado.aspx?Content=4CA46B7382EE606F13660929B39F965E?proc=001049205.2013.4.02.0000&andam=1&tipo_consulta=1&mov=3> Acesso em: 20 de jun. de 2014.

[120] Vide conclusões expostas no capítulo 4, subitem 4.2 deste estudo.

## 3.4. Procedimento aplicável

Extrai-se da redação do art. 31 da Lei n. 6.385/1976 que a intimação da CVM (para que tome conhecimento do processo e, querendo, ofereça parecer ou preste esclarecimentos) "far-se-á, logo após a contestação". É, portanto, somente após o encerramento da fase postulatória, quando os limites da lide já estão definidos em função do que se alegou na petição inicial e na contestação, o momento adequado para se noticiar o feito à autarquia.

Nelson Eizirik e outros destacam que essa disposição dá rendimento à manifestação da autarquia, já que "ao redigir sua manifestação, a CVM tem a possibilidade de conhecer todos os aspectos da questão e as várias versões dos fatos, antes de apresentar o seu posicionamento ao juiz."[121]

Feita a intimação inicial, tem a autarquia o prazo de quinze dias para oferecer parecer ou prestar esclarecimentos, como prevê o *caput* do art. 31 da Lei 6.385/1976.

Porém, segundo a doutrina, esse prazo não é preclusivo, ou seja, não impede a autarquia de comparecer aos autos posteriormente, apresentando manifestação.

Nesse sentido, Cassio Scarpinella Bueno frisa que: "não haverá nenhum inconveniente caso a CVM se manifeste depois daquele prazo. Até porque pode, somente depois de passados aqueles quinze dias, entender que a hipótese justificava a sua intervenção em juízo." [122]

Da mesma forma, Marcelo Lapolla e de Osvaldo Hamilton Tavares admitem a possibilidade de intervenção da CVM após o fim do prazo previsto no *caput* art. 31, facultando-a, inclusive, nos estágios mais avançados do processo.

Assim entende Marcelo Lapolla:

> Não se verifica qualquer nulidade ou vício processual se a CVM se manifestar em outro momento, inclusive após a sentença – dada sua legitimidade recursal subsidiária (em caso de ausência de recurso das partes, vide artigo 31, parágrafo 3º, da Lei 6.385/76).[123]

---

[121] EIZIRIK, et al., op. cit., p. 280.
[122] BUENO, Cassio Scarpinella. **Amicus Curiae no Processo Civil Brasileiro:** um terceiro enigmático, op. cit., p. 281.
[123] LAPOLLA, op.cit.

A seu turno, expõe Osvaldo Hamilton Tavares que:

> A todo tempo, depois de ser intimada, pode a CVM ingressar no processo, até que transite em julgado a sentença, pois pode interpor recurso, quando a parte não o fizer. Intervindo na causa quando puder ou lhe parecer oportuno, recebê-la-á no estado em que se encontrar. Vale dizer, não terá direito à repetição de atos já praticados. O contrário seria tumultuar o processo, implantar a balbúrdia e favorecer a alicantina que, por certo, não é exclusividade das partes.[124]

Concordando com esse entendimento, Cassio Scarpinella Bueno destaca que, nessa hipótese, ou seja, de intervenção tardia da CVM, aplica-se por analogia a regra do parágrafo único do art. 50 do CPC, que trata da assistência.[125] Dela se extrai que a intervenção pode ocorrer em "todos os graus da jurisdição; mas o assistente recebe o processo no estado em que se encontra."

A intervenção ocorre mediante a apresentação de parecer contendo os esclarecimentos que a autarquia entender necessários, como bem sintetiza Andréa Háfez:

> Depois de receber a intimação judicial, a Procuradoria Federal Especializada da CVM vai opinar tecnicamente sobre o tema abordado no processo judicial. O órgão irá fornecer informações como precedentes administrativos, legislação, doutrina a respeito daquele ponto, com a intenção de munir da melhor maneira possível o juiz a respeito do assunto em debate.[126]

Mas não é só. Da determinação prevista no parágrafo segundo do art. 31 da Lei n. 6.385/1973 (que impõe a intimação da autarquia sobre "todos os atos processuais subsequentes"), pode-se extrair a conclusão de que sua participação no processo não se esgota com a apresentação do parecer ou esclarecimentos prevista no *caput*.

Segundo Cassio Scarpinella Bueno, ela pode ser muito mais ampla, inclusive abrangendo a possibilidade de participação ativa da autarquia durante a fase instrutória do processo:

---

[124] TAVARES, op.cit., p. 286.
[125] BUENO, Cassio Scarpinella. **Amicus Curiae no Processo Civil Brasileiro:** um terceiro enigmático, op. cit., p. 283.
[126] HÁFEZ, op.cit.

A CVM, como qualquer outro *amicus curiae*, pode ir além de apresentar as razões, informações ou elementos que, a seu juízo, devem conduzir o magistrado a proferir decisão em um ou em outro sentido. Pode o *amicus curiae* ir além, praticando todo ato processual que guarde íntima relação com a própria razão que justifique sua intervenção em juízo.[127]

A aceitação disso, porém, não é tranquila na prática, como revela a análise empírica feita no capítulo 4 deste estudo. Há casos em que, por exemplo, após a autarquia ter apresentado parecer nos autos, na condição de *amicus curiae*, o magistrado dispensou sua posterior intimação para ciência dos documentos juntados pelas partes.[128]

Por fim, segundo o parágrafo 3º do art. 31 da Lei n. 6.385/1976, tem a CVM legitimidade para interpor recursos de decisões que não condigam com a legislação do mercado de capitais, quando as partes não o fizerem. Essa questão, porém, será objeto do próximo item.

### 3.5. A legitimidade recursal da Comissão de Valores Mobiliários

O art. 31 da Lei n. 6.385/1976 não restringiu a participação da CVM à função orientadora/consultiva (consubstanciada na apresentação de parecer ou esclarecimentos), usualmente desempenhada pelos *amici curiae*. Foi muito além: atribuiu-lhe legitimidade para interpor recursos, caso as partes assim não o façam.

Trata-se, segundo a doutrina,[129] de uma modalidade *sui generis* de legitimidade recursal, já que o art. 499 do CPC atribuiu essa faculdade apenas (i) à parte vencida; (ii) ao terceiro prejudicado; e (iii) ao Ministério Púbico. Outrossim, em regra, nas demais situações em que nosso sistema admite a figura do *amicus curiae*, não lhe confere legitimidade para manejar recurso (exceto contra decisões que o inadmitem no feito) como se detalhou no capítulo 2.8 desse estudo.[130]

---

[127] BUENO, Cassio Scarpinella. ***Amicus Curiae* no Processo Civil Brasileiro:** um terceiro enigmático, op. cit., p. 288-289.
[128] SALVADOR. Tribunal de Justiça da Bahia. Agravo de Instrumento n. 006835-38.2013.8.05.0000. Consulta disponível em http://www.tjba.jus.br>
[129] Conforme: DIDIER, 2003, op.cit., p. 1.254; e BUENO, Cassio Scarpinella. ***Amicus Curiae* no Processo Civil Brasileiro:** um terceiro enigmático, op. cit., p. 284.
[130] Isso, também, é o que aponta Denise Vargas: "Destarte, na prática, da decisão que indefere o ingresso do *amicus curiae*, cabe o manejo de um pedido de reconsideração, com viés recursal,

A única exceção está prevista no art. 5º, parágrafo único, da Lei 9.469/1997 (que trata da possibilidade de intervenção das pessoas jurídicas de direito público, como *amicus curiae*, nas causas cuja decisão possa ter reflexos econômicos à União). Contudo, segundo esse dispositivo, caso as pessoas jurídicas de direito público que ocupam a posição de *amicus* recorram, "tornam-se parte." Isso, porém, não está previsto na disposição legal que prevê a legitimidade recursal da CVM.

Fredie Didier Júnior destaca que a Lei n. 6.385/1976 criou "uma quarta espécie de legitimação recursal," que garantiu à CVM a possibilidade de, mesmo atuando na condição de *amicus*, insurgir-se contra a má aplicação da legislação pertinente. [131]

Outrossim, a regra também inova por atribuir o caráter de subsidiariedade à legitimidade recursal que confere. Segundo o parágrafo quarto do art. 31, o recurso da autarquia pode ser manejado após o decurso, *in albis*, do prazo concedido para as partes.

Embora a fixação de início de prazo condicionado ao transcurso *in albis* de outro, anterior, não seja novidade no ordenamento [pois já prevista no parágrafo único do art. 498 do CPC, com redação que lhe foi dada pela Lei n. 10.352/2001 (que trata do prazo para interposição dos recursos de estrito direito contra parte unânime de acórdãos que também são atacáveis através de embargos infringentes)], a singularidade da regra advém do fato de que o cabimento do recurso pressupõe o não exercício do direito de recorrer por aqueles que são parte. Ou seja: a legitimidade recursal da CVM só é concebida quando as partes deixam de reagir contra a decisão, segundo leitura literal do parágrafo quarto do art. 31 da Lei n. 6.385/1976.

Apesar de bastante peculiar (ao ponto de gerar profunda estranheza dos operadores do direito), essa *nova* espécie de legitimidade recursal

---

ou até mesmo recurso de embargos declaratórios, competindo, discricionariamente ao Relator, reconsiderar ou não a sua decisão.
Se outros recursos, ou até mesmo o de embargos declaratórios, forem manejados pelo amigo da corte com finalidade diversa da impugnação do *decisum* denegatório de seu ingresso, carece--lhe, por conseguinte, legitimidade recursal." VARGAS, Denise. A (i)legitimidade recursal do "amicus curiae" no controle de constitucionalidade. **Atualidades do Direito**. Disponível em: <http://atualidadesdodireito.com.br/denisevargas/2011/12/05/a-ilegitimidade-recursal--do-amicus-curiae-no-controle-de-constitucionalidade/> Acesso em: 08 dez. 2013.
[131] DIDIER, 2003, op.cit., p. 1.255.

nada tem de ilegal, assimilando-se no ordenamento, como observa Cassio Scarpinella Bueno:

> Não há, com efeito, nenhuma mácula de inconstitucionalidade na criação de uma legitimidade recursal diferenciada em todos os sentidos que pudesse justificar o afastamento da incidência da regra. É difícil, de outro lado, entender que o sistema processual civil tenha aplicabilidade na espécie, para alterar o critério do art. 31, § 3º, porque se trata de norma genérica e anterior àquela em comento.
> Superados esses óbices, destarte, que têm relação muito mais com eventual antipatia que a regra gera ao intérprete do que, propriamente, com sua juridicidade, naqueles casos em que se justifica a intervenção da CVM (art. 31, *caput*, da Lei 6.385/76), a autarquia poderá interpor recursos se as partes não o fizerem (...) [132]

O interesse que pode motivar a interposição de recurso, pela CVM, é, basicamente, igual àquele que justifica o seu comparecimento ao feito, na condição de *amicus curiae*, qual seja: o *interesse institucional*, de que a legislação do mercado de capitais seja corretamente aplicada. É o que aponta Cassio Scarpinella Bueno:

> O interesse recursal da CVM dá-se na medida em que demostre que a decisão proferida, independentemente de quem seja beneficiada com ela, não condiz com a aplicação das regras regentes do mercado de capitais à espécie. Que, em última análise, destoam daquilo que a CVM, em sua manifestação interventiva, sustentou. [133]

O autor, porém, faz questão de frisar que, ainda que a CVM não compareça no momento processual a que se refere o § 1º do art. 31, pode ela decidir intervir após a prolação de decisão em desacerto com as regras que tratam do mercado de capitais. Segundo ele, "não há nessa 'demora' da CVM de entrar no processo qualquer vício ou irregularidade, pelo que, pelo menos em tese, é possível ocorrer."[134]

---

[132] BUENO, Cassio Scarpinella. ***Amicus Curiae* no Processo Civil Brasileiro:** um terceiro enigmático, op. cit., p. 285.
[133] Ibidem, p. 286.
[134] Ibidem, p. 286.

Defensor de uma participação mais abrangente do *amicus curiae*, Cassio Scarpinella Bueno também entende ser possível flexibilizar a regra da subsidiariedade do recurso da CVM, apesar da literalidade do parágrafo 3º do art. 31:

> Entendemos, contudo, ser possível à CVM recorrer mesmo que as partes recorram. Reconhecemos a ela, na qualidade de *amicus curiae*, legitimidade recursal "autônoma", "própria", ainda que o objeto de seu recurso não possa ser tão amplo quanto o das partes. (...)
> (...) admitindo essa interpretação mais ampla quanto à legitimidade da CVM, superamos uma dificuldade que pode ocorrer na aplicação do art. 31, § 3º, da Lei 6.385/76, e que consiste em a CVM recorrer na suposição de as partes não terem exercitado o seu direito de fazê-lo e ficar sabendo que, na verdade, um ou mais recursos haviam sido interpostos mas que, por qualquer razão, levaram alguns dias, semanas ou meses para chegar aos autos. Neste caso, o recurso da CVM deveria ser considerado descabido *supervenientemente?* Pela nossa interpretação, que admite a legitimidade "autônoma" da CVM, mesmo na qualidade de *amicus curiae*, a resposta só pode ser negativa.[135]

Essa interpretação, porém, é de *lege ferenda*, já que a Lei n. 6.385/1976, rigorosamente, não admite essa possibilidade.

De todo modo, parece-nos bastante razoável a opinião desse autor. Com efeito, bem compreendido que a intervenção da CVM busca garantir a correta aplicação das normas do mercado de capitais ao caso, é coerente admitir que, não tendo sido esse o caminho adotado pelo juiz na decisão, deve a autarquia poder recorrer, de forma autônoma, em prol do interesse que justifica a sua intervenção.

Do contrário, ou seja, ao se admitir a legitimidade recursal da CVM apenas em caráter subsidiário, esse direito (de lutar para que a legislação setorial seja corretamente aplicada) pode acabar vir a ser cerceado. Isso porque pode, por exemplo, ocorrer situações em que o recurso interposto pela parte sucumbente deixa de atacar, diretamente, o ponto da decisão que falhou na interpretação das regras setoriais; ou situações em que o recurso da parte não preenche os pressupostos legais de admissão. Nessas hipóteses, não haverá como se corrigir as ilegalidades cometidas na aplicação da lei especial.

---

[135] Ibidem, p. 286.

Seja como for, e apesar da importância que a legitimidade recursal da CVM pode representar no processo, cumpre destacar que a pesquisa empírica realizada em nosso estudo (cujos critérios estão melhor detalhados no capítulo 4), não localizou qualquer caso em que a CVM tenha recorrido, na condição de *amicus curiae*.

## 3.6. Necessidade (ou não) de deslocamento da competência para a Justiça Federal, por força da intervenção

Por disposição expressa do art. 5º da Lei n. 6.385/1976, com redação dada pela Lei n. 10.411/2002, é a CVM uma "entidade autárquica em regime especial, vinculada ao Ministério da Fazenda".

Por ser uma entidade autárquica federal, é razoável cogitar que, decidindo ela intervir em feitos que tramitam perante a Justiça Estadual, deve ocorrer o deslocamento da competência para a Justiça Federal. Isso porque, segundo o art. 109, I, da Constituição Federal, cumpre aos juízes federais processar e julgar "as causas em que a União, entidade autárquica ou empresa pública federal forem interessadas na condição de autoras, rés, assistentes ou oponentes, [...]"

A dúvida que se instaura, portanto, consiste em definir se a intervenção feita por autarquia federal (no caso, a CVM), na condição de *amicus curiae*, enquadra-se (ou não) na espécie de interesse referida pelo art. 109, I da Constituição Federal.

Em princípio, a resposta deveria ser negativa, já que a intervenção feita na qualidade de *amicus curiae* não coloca o interveniente na condição de autor, réu, assistente ou oponente no processo, como descreve o texto constitucional.[136]

Porém, a questão não é tão simples assim. Na verdade, segundo se extrai da obra de Cassio Scarpinella Bueno, a solução dessa controvérsia varia de acordo com a amplitude da atuação do *amicus curiae* no caso. Se ocorrer apenas a apresentação de parecer ou esclarecimentos sumários,

---

[136] Nesse sentido, decidiu o Superior Tribunal de Justiça: "A intervenção da Anatel nos autos não se deu como parte, mas como mera amicus curiae, o que não desloca a competência para a Justiça Federal." BRASIL. Superior Tribunal de Justiça, Recurso Especial nº 1.212.661/RS, Relator Ministro Arnaldo Esteves Lima, Brasília, DF, julgado em 16 de fevereito de 2011, Disponível em: <https://ww2.stj.jus.br/processo/pesquisa/?tipoPesquisa=tipoPesquisaNumeroRegistro&termo=201001764491&totalRegistrosPorPagina=40&aplicacao=processos.ea> Acesso em 20 jun. 2014.

mediante comparecimento pontual, entende-se que o deslocamento da competência para a Justiça Federal não se justifica. Porém, se a intervenção não se esgotar por aí, e o *amicus curiae* participar ativamente da fase instrutória e até recursal do processo (como pode ocorrer, no caso da intervenção facultada à CVM), o deslocamento da competência apresenta-se indispensável.

Segundo referido autor:

> Será legítimo emprestar àquele dispositivo constitucional interpretação ampla o suficiente para que, toda vez que houver efetiva intervenção da CVM em juízo, mesmo que apenas para fins de atuação como *amicus curiae,* o deslocamento da competência seja impositivo?
> Nosso entendimento, na mesma linha desenvolvida no item 5.1.1, é positiva. [...]
> Frisamos, apenas, que não vemos razão para justificar a competência da Justiça Federal se a intervenção da CVM se limitar ao oferecimento de documentos ou informações ao juízo da causa. A competência da Justiça Federal pressupõe, pensamos, intervenção ativa do ente federal, ânimo de litigar, de participar do contraditório.[137]

A ideia defendida por Cassio Scarpinella Bueno é robustecida pelo que prevê o art. 5º, parágrafo único, da Lei n. 9.469/1997 (que trata da possibilidade de intervenção das pessoas jurídicas de direito público, como *amicus curiae,* nas causas cuja decisão possa ter reflexos econômicos à União). Segundo esse dispositivo, o deslocamento de competência para a Justiça Federal só deve ocorrer se houver recurso das pessoas jurídicas de direito público interveniente. Se, no entanto, ficar restrita ao esclarecimento de "questões de fato e de direito," mediante juntada de "documentos e memoriais reputados úteis", a competência permanece com o juiz da esfera estadual.[138]

---

[137] BUENO, Cassio Scarpinella. **Amicus Curiae no Processo Civil Brasileiro:** um terceiro enigmático, op. cit., p. 289-290.
[138] Ibidem, p. 225-226 e 289-290.

Na pesquisa jurisprudencial realizada neste estudo, contatou-se que essa questão é controvertida em nossos tribunais, como detalha o capítulo 4.3.

De todo modo, com a entrada em vigor do novo Código de Processo Civil, a essa controvérsia tende a caminhar para uma solução, na medida em que, segundo a redação do parágrafo 1º do art. 138, a intervenção, na condição de *amicus curiae*, "não implica alteração de competência".

## 3.7. A força persuasiva da opinião técnica *versus* a garantia do livre convencimento do juiz

Dada a grande utilidade (e, por vezes até, imprescindibilidade) do auxílio prestado ao juiz pela CVM nas causas envolvendo o mercado de capitais, é pertinente refletir sobre sua harmonização com o princípio do livre convencimento do juiz.

Segundo o art. 131 do CPC: "O juiz apreciará livremente a prova, atendendo aos fatos e circunstâncias constantes dos autos, ainda que não alegados pelas partes; mas deverá indicar, na sentença, os motivos que lhe formaram o convencimento." Esse dispositivo, portanto, consagra o princípio do livre convencimento, que assegura ao juiz apreciar livremente as provas, atribuindo-lhes a força e o valor que entender, desde que o faça de forma fundamentada.

Outrossim, como bem observa Ernane Fidélis dos Santos, também decorre do princípio do livre convencimento do juiz a máxima de que "não há (...) prevalência deste ou daquele meio de prova. Não se pode afirmar que a prova pericial suplante a testemunhal, ou a documental a qualquer delas. O juiz é livre na pesquisa da prova e pode dentro da linha de seu raciocínio, dar o valor que julga ter cada uma delas".[139]

Embora não se possa, portanto, falar em prevalência dos meios de provas, a força persuasiva da manifestação oferecida pela CVM nas causas envolvendo matérias de sua competência é inegável. Com efeito, sendo ela a responsável por disciplinar, normatizar e fiscalizar o mercado de capitais (nos termos do art. 8º da Lei n. 6.385/1976), não há outro ente ou canal mais abalizado para orientar o Poder Judiciário a respeito desse tema.

---

[139] SANTOS, Ernane Fidélis dos. **Manual de Direito Processual Civil**. 15. ed. São Paulo: Saraiva, 2011, p. 599.

Nesse contexto, a questão que surge é: pode o magistrado decidir contrariamente ao conteúdo do parecer apresentado pela CVM, na condição de *amicus curiae*?

Como nosso sistema jurídico adota o princípio do livre convencimento do juiz, a resposta só pode ser afirmativa. Ou seja, desde que o faça expondo as razões que sustentam o seu entendimento, pode o juiz não prestigiar aquilo que a CVM expôs em seu parecer.

Nesse sentido, destacam Nelson Eizirik e outros:

> Não existe, evidentemente, qualquer obrigação de o juiz seguir o parecer e os esclarecimentos da CVM, podendo divergir de seu entendimento. Contudo, a opinião do órgão regulador do mercado de capitais mostra-se de grande importância para uma boa compreensão das questões de fato e de direito discutidas no processo.[140]

Nessa hipótese, ou seja, caso o juiz não siga o conteúdo da manifestação da CVM na decisão, o que pode a autarquia fazer é recorrer, se a parte sucumbente assim não fizer, já que o parágrafo 3º do art. 31 da Lei n. 6.385/1976 lhe confere essa legitimidade.

Também analisando a questão, Osvaldo Hamilton Tavares frisa:

> Embora não fique o juiz adstrito ao parecer e aos esclarecimentos da CVM, podendo dela divergir, o certo é que a opinião do técnico do Mercado de Capitais é essencial ao esclarecimento dos fatos e forma um contingente imprescindível para a boa compreensão das questões postas em debate.[141]

Diante da pouca familiaridade do Poder Judiciário com as complexas regras do mercado de capitais, é natural que o parecer da CVM acabe tendo um peso determinante na solução da causa. Afinal, a expertise da autarquia para tratar do tema tem raízes ontológicas.

Nada de ilegal há nisso já que, em decorrência do princípio do livre convencimento, o juiz pode prestigiar a prova que reputar relevante, desde que o faça de forma fundamentada.[142]

---

[140] EIZIRIK, et al., op.cit, p. 280.
[141] TAVARES, op.cit., p. 45-46.
[142] Nesse sentido, Nelson Nery Júnior e Rosa Maria de Andrade Nery destacam: "Ressalte-se que o simples fato de o Juiz ter, ou não, valorado o depoimento da única testemunha

## 3.8. A Comissão de Valores Mobiliários nos processos coletivos para a defesa dos investidores (Lei n. 7.913/1989)

Em 7 de dezembro de 1989, foi sancionada a Lei n. 7.913/1989, criando a possibilidade de ajuizamento de ação civil pública de responsabilidade por danos causados aos investidores no mercado de valores mobiliários.

Informação bastante relevante a respeito do contexto que levou à sua edição é trazida por Lionel Zaclis:

> A Lei 7.913/89 resultou de iniciativa da Comissão de Valores Mobiliários, então sob a presidência do Prof. Arnold Wald, que, mediante o Ofício CVM/PTE 190, de 31.05.1988, encaminhou ao Ministro da Fazenda um anteprojeto de lei dispondo sobre "a legitimação da Comissão de Valores Mobiliários para propor ações de ressarcimento de danos causados aos titulares de valores mobiliários e aos investidores do mercado. Aludido anteprojeto foi alterado por sugestão da Procuradoria Geral da Fazenda Nacional, com o propósito exclusivo de substituir-se a CVM pelo Ministério Público no polo ativo da ação. Em seguida, o Exmo. Presidente da República, José Sarney, encaminhou o projeto de lei ao Congresso Nacional, tendo ele sido aprovado sem nenhuma emenda, [...] [143]

A ideia inicial, portanto, era de que a CVM fosse o ente legitimado pela lei para promover a ação civil pública (ante a pertinência de suas funções), o que acabou não ocorrendo. A Lei n. 7.913/1989 foi editada atribuindo ao Ministério Público o poder de ajuizar a ação coletiva, podendo fazê-lo "de ofício ou por solicitação da Comissão de Valores Mobiliários".

Essa disposição é alvo de críticas da doutrina especializada, que enxerga na CVM melhores e maiores condições de interpretar os fatos do mercado, e a partir deles concluir pela prática (ou não) de atos ilícitos hábeis a ensejar a propositura de ação coletiva em defesa dos investidores. Nesse sentido, posiciona-se Paulo Cezar Aragão:

---

arrolada pelo apelante principal, não constitui vício capaz a inquinar de nulidade a sentença atacada, 'mesmo porque o magistrado é soberano na análise das provas produzidas nos autos, devendo decidir de acordo com o seu convencimento, cumprindo-lhe dar as razões de seu convencimento." NERY JR, Nelson, e NERY, Rosa Maria de Andrade. **Código de Processo Civil Comentado e Legislação Processual Civil Extravagante**, 3 ed., São Paulo: Revista dos Tribunais, 1997, p. 439.

[143] ZACLIS, op.cit, p. 150.

entre todas as soluções possíveis, aquela adotada pela Lei no. 7.913, de 1989, é certamente a pior, já que atribui legitimação extraordinária ao Ministério Público, obviamente valendo-se do sempre competente assessoramento técnico da CVM. Em verdade, isto leva à pergunta inevitável, qual seja, se não seria melhor dar à própria CVM legitimação para pleitear diretamente em juízo em nome dos prejudicados, ao invés de deixá-la na posição de mero coadjuvante de outro órgão público, não tão especializado.[144]

Da mesma forma, Lionel Zaclis entende que:

> Somos de parecer, contudo, que restringir-se a legitimação ativa ao Ministério Público, tal como faz a Lei 7.913/89, não corresponde à melhor solução, até porque, dependendo das circunstâncias, poderá ele não ser um representante adequado. Entendemos que a legitimação deve ser estendida também a Comissão de Valores Mobiliários (CVM) – de modo a facultar-se-lhe atuação idêntica à sua congênere estadunidense, a Securities and Exchange Commision (SEC), (...)[145]

A sugestão dada por Zaclis (qual seja: admitir a participação da CVM como co-legitimada para a propositura de ação coletiva) é, para vários autores, plenamente válida, por aplicação extensiva da Lei n. 7.347/1985 (conhecida como Lei da Ação Civil Pública). Isso porque, segundo o art. 5º dessa norma, as autarquias têm legitimidade para propor ações civis públicas.

Fredie Didier Júnior, Cassio Scarpinella Bueno, Nelson Eizirik e Márcia Tanji são alguns dos que admitem isso, sem hesitar. Segundo o primeiro: "como entidade autárquica, é a CVM uma co-legitimada à propositura destas ações coletivas"[146] Para o segundo: "a CVM, autarquia que é, apresenta-se como legitimada ativa para o ajuizamento de ações civis públicas que, amplamente, digam respeito ao mercado de capitais."[147] Já para o terceiro: "A CVM pode, entretanto, na forma do artigo 5º, parágrafo 2º, da Lei 7.347/1985, habilitar-se como litisconsorte do Ministério Público, ou atuar

---

[144] ARAGÃO, op.cit, p. 45.
[145] ZACLIS, op.cit, p. 168.
[146] DIDIER, Fredie Jr. A intervenção Judicial do CADE (art. 89, LF 8.884/94) e da CVM (art. 31, LF 6.385/76), op. cit., p. 1.256.
[147] BUENO, Cassio Scarpinella. **Amicus Curiae no Processo Civil Brasileiro:** um terceiro enigmático, op. cit., p. 290-291.

como seu assistente processual."[148] Márcia Tanji, por sua vez, defende que "a tutela coletiva dos interesses que se apresentam no mercado de capitais brasileiro, [...], é passível de ser exercida, em juízo, por mais de um ente, em especial, pela CVM."[149]

Essa última autora aprofunda o tema, mencionando importância, para o mercado de capitais, da admissão da legitimidade ativa da CVM:

> O ajuizamento de ação coletiva pela CVM, além de estar de acordo com suas finalidades institucionais, pode configurar, em certos casos, providência adequada, e até mesmo imprescindível, para a atuação da regulação, sob o prisma de que a ausência de reparação de danos causados aos particulares, titulares dos referidos interesses, pode abalar de forma drástica a confiança e a higidez essenciais ao funcionamento do mercado de capitais.[150]

Lionel Zaclis, porém, posiciona-se contrariamente a essa interpretação ampliativa, sob o fundamento de que o legislador da lei especial (no caso, a n. 7.913/1989) poderia ter atribuído a legitimidade ativa para um rol maior de entes (incluindo a CVM), mas intencionalmente não o fez. Para ele:

> a Lei 7.913/89, em seu art. 1º, tratou expressamente da matéria relativa à legitimação para agir, restringindo-se a atribuí-la ao Ministério Público. Tivesse sido intenção da Lei 7.913/89 que, além do Ministério Público, também as demais entidades referidas no art. 5º da Lei 7.347/85 fossem dotadas de legitimação para agir no caso, certamente teria sido expressa a respeito. Portanto, a aplicabilidade das normas da Lei 7.347/85 aos casos submetidos à Lei 7.913/89 restringe-se às hipóteses relativamente às quais esta última é omissa.[151]

A prática forense, porém, terminou admitindo a CVM como litisconsorte do Ministério Público em dois casos emblemáticos sobre o tema: o "caso da Refinaria de Petróleo Ipiranga", e o "caso da Suzano Petroquímica". Sob a suspeita da prática de *insider trading*[152] durante processos de alteração de controle dessas empresas, o Ministério Público, em conjunto com a CVM, ajuizou ações civis públicas visando o ressarcimento dos prejuízos causados

---

[148] EIZIRIK, et al., op.cit., p. 285.
[149] TANJI, op cit., p. 162.
[150] Ibidem, p. 177.
[151] ZACLIS, op.cit., p. 170.
[152] Art. 27-A da Lei n. 6.385/1976.

aos investidores. Ambas as ações tramitam/tramitaram (pois há notícias de que o "caso da Suzano Petroquímica" foi encerrado em 2008, mediante a assinatura de um Termo de Ajustamento de Conduta que envolveu a CVM e o MPF) em segredo de justiça, de modo que as informações que delas se têm são extraídas especialmente da mídia.[153] De todo modo, a obra de Nelson Eizirik e outros traz alguns comentários sobre o "caso da Refinaria de Petróleo Ipiranga":

> Ajuizada ação cautelar pelo Parquet, tendo a CVM como litisconsorte, foi obtida medida liminar bloqueando contas de investidores suspeitos de operar com base em informações privilegiadas. Posteriormente, contra as mesmas pessoas, foi ajuizada ação civil pública de responsabilidade por danos causados aos titulares de valores mobiliários e aos investidores do mercado, ação essa que corre presentemente em segredo de justiça.[154]

Além desses dois casos, a dissertação de Márcia Tanji (dedicada a esse tema) aponta pelo menos outras duas ações civis públicas em que a CVM foi admitida como co-autora, ao lado do Ministério Público: autos n. 2004.61.00.015278-5, da 15ª Vara Federal Cível da Subseção Judiciária da Capital do Estado de São Paulo (envolvendo a companhia "Arapuã"); e autos n. 2004.61.00.019427-5, da 5ª Vara Federal Cível da Subseção Judiciária da Capital do Estado de São Paulo (envolvendo a companhia "Bombril Holding").

Na pesquisa empírica realizada em nosso trabalho, não se logrou localizar quaisquer casos em que a CVM tenha ingressado com a ação civil pública prevista na Lei n. 7.913/1989 ocupando o polo ativo, com exclusividade.[155]

---

[153] Conforme: PRESTES, Cristine. O crime não compensa, **Jornal Valor Econômico**, publicado em 22 de dezembro de 2011, Disponível em: <http://clippingmp.planejamento.gov.br/cadastros/noticias/2011/12/22/o-crime-nao-compensa/> Acesso em 17 de jun. 2014.
E ainda: FRICH, Felipe. CVM e Ministério Público encerram caso de *insider* da Suzano com acordo. **O Globo**. Públicado em 6 de março de 2008. Disponível em:<http://extra.globo.com/noticias/economia/cvm-ministerio-publico-encerram-caso-de-insider-da-suzano-com-acordo-484803.html#ixzz34x4EBb8w> Acesso em 17 jun. 2014.
[154] EIZIRIK, et al., op.cit., p. 285.
[155] A dissertação de Márcia Tanji também não aponta qualquer ação coletiva proposta apenas pela CVM (ou seja, dispensando a participação dos co-legitimados).

Seja como for, uma coisa parece certa: a participação da CVM nas ações civis públicas regidas pela Lei n. 7.913/1989, se não ocorrer na condição de autora, co-autora ou, quiçá, ré (pois também é possível que a própria atuação da CVM seja questionada em juízo)[156] pode/deve ocorrer através da figura do *amicus curiae*, dada a sua *expertise* para auxiliar na sua solução. É o que destaca Cassio Scarpinella Bueno:

> o art. 31 da Lei n. 6.385/76, em análise, nesta sede convive, perfeitamente, com o sistema das ações coletivas. E isso, basicamente, porque o dispositivo se volta aos casos em que a CVM não é parte na ação, pouco importando tratar-se de ação individual ou coletiva. Desde que a CVM ajuíze a ação ou decida intervir na qualidade de co-legitimado, descarta-se, a nosso ver, qualquer utilidade na sua intervenção na qualidade de *amicus*.[157]

Da mesma forma, entende Marcia Tanji:

> Afigura-se possível também situação em que a CVM, após tomar ciência da propositura de ação coletiva por outro co-legitimado, concordar com a qualificação dos fatos e com o pedido de tutela jurisdicional já formulado, tendo em vista o estado do processo e entendendo não possuir informações ou argumentos que possam colaborar para a procedência do pedido, decide, de forma fundamentada, não ingressar no pólo ativo da demanda. Em tais casos, em geral, a CVM pode atuar na qualidade de "amicus curiae", conforme mencionado no Capítulo II.[158]

---

[156] É o que destaca Marcia Tanji: "dada a conflituosidade e as demais características dos interesses transindividuais, logicamente, é possível que em determinadas situações a própria atuação da CVM na atividade econômica poderá ser objeto de demanda coletiva ajuizada pelos legitimados nos termos do art. 5º da Lei 7.347/1985, como o Ministerrio Público e as associações, caso em que a referida autarquia será incluída em seu pólo passivo." TANJI, op.cit., p. 179. Como exemplo de ação civil pública em que a CVM foi incluída no pólo passivo, a autora cita: autos n. 2002.61.00.026226-0, da 14ª Vara Federal Cível da Subseção Judiciária da Capital do Estado de São Paulo, ajuizada pelo Instituto Brasileiro de Defesa do Consumidor – IDEC em face da CVM, do Banco Central e instituições financeiras administradoras de fundos de investimento, sob o fundamento de que o critério de valoração de cotas conhecido como "marcação a mercado" teria ocasionado prejuízo aos investidores/cotistas.
[157] BUENO, Cassio Scarpinella. **Amicus Curiae no Processo Civil Brasileiro:** um terceiro enigmático, op. cit., p. 291.
[158] TANJI, op.cit., p. 179.

Portanto, se atuar como autora ou co-autora, prescinde-se a participação da CVM como *amicus* – já que, segundo destaca Cassio Scarpinella Bueno, sua dupla manifestação seria redundante, violando o princípio da economia processual.[159] Semelhantemente, se figurar como ré, é nosso entendimento de que a manifestação da CVM como *amicus curiae* deve ser dispensada, seja porque contraproducente (já que seu posicionamento sobre a questão constará da defesa), seja porque, nessa hipótese (em que há risco de condenação da autarquia), a imparcialidade de seu parecer é questionável. Porém, se a CVM não ocupar o polo ativo ou passivo de demanda coletiva envolvendo o mercado de capitais, deve ela ser intimada para intervir na condição de *amicus curiae*, nos termos do art. 31 da Lei n. 6.385/1976.

Por fim, vale destacar que, não obstante a controvérsia doutrinária existente sobre a legitimidade da CVM para propor a ação coletiva prevista na Lei n. 7.913/1989, o fato é que a opção feita pelo legislador (que prestigiou o Ministério Público) levou a um estreitamento de relação institucional entre os dois entes, com o propósito de proteger os participantes do mercado. Assim, em 08 de março de 2008, a CVM e o Ministério Público Federal firmaram "Termo de Cooperação Técnica," cujo objeto é:

> o estreitamento do relacionamento institucional entre os convenentes, de modo a imprimir maior agilidade e efetividade nas ações de prevenção, apuração e repressão às práticas lesivas ao mercado de capitais; o fornecimento e o intercâmbio de informações, documentos, estudos e trabalhos técnicos relacionados à regulação e à fiscalização do mercado de valores mobiliários; ampla cooperação técnica e científica por meio do desenvolvimento conjunto de estudos e pesquisas; comunicações entre os convenentes para adoção de medidas legais cabíveis em defesa dos interesses do mercado de valores mobiliários e dos seus respectivos investidores.[160]

Desde 2008, portanto, CVM e MPF vêm atuando em parceria, visando a garantir adequada tutela dos investidores do mercado de capitais.

---

[159] BUENO, Cassio Scarpinella. **Amicus Curiae no Processo Civil Brasileiro:** um terceiro enigmático, op. cit., p. 585.

[160] Termo de operação técnica que entre si celebram a CVM – Comissão de Valores Mobiliários, por intermédio de sua Presidência, e o Ministério Público Federal, visando ao intercâmbio e à cooperação técnica e operacional relacionados ao mercado de capitais. Brasília, 08 de maio de 2008. Disponível em: <http://www.cvm.gov.br/port/convenios/convenios.asp>, Acesso em 16 jun. 2014.

## 3.9. A atuação da Comissão de Valores Mobiliários como *amicus curiae* e o Ministério Público como *custos legis*

Conforme já se destacou no capítulo 2.6 deste estudo, o *amicus curiae*, quando se tratar de ente expressamente designado por lei para tanto (como é da CVM, nas causas envolvendo o mercado de capitais), pode, de forma muito plausível, ser equiparado ao *custos legis*, já que ambos intervêm no processo visando a garantir a aplicação escorreita da lei.[161] [162]

Isso, porém, não significa que haja sobreposição de funções – a começar pelo fato de que a atuação do Ministério Público como *custos legis*, no âmbito civil, está prevista no art. 82 do CPC, e restringe-se aos casos envolvendo interesses de incapazes; concernentes ao estado da pessoa, pátrio poder, tutela, curatela, interdição, casamento, declaração de ausência e disposições de última vontade; causas em que há interesse publico; e litígios coletivos pela posse da terra rural. Como esse rol não abrange as ações que têm por objeto questões afetas ao mercado de capitais, pode-se concluir que não são coincidentes as hipóteses de atuação de ambos (o Ministério Público, como *custos legis*, e a CVM, como *amicus curiae*).

No entanto, é possível que, eventualmente, essa coincidência ocorra – ou seja, que num só processo, atue o Ministério Público como *custos legis* (em causa que envolva, por exemplo, interesse público), e a CVM como *amicus curiae* (versando a discussão sobre o mercado de capitais) –, o que, em tese, poderia configurar um cenário de sobreposição de funções.

Porém, segundo Cassio Scarpinella Bueno, nada de ruim há nisso, e muito menos que autorize sustentar serem essas atuações excludentes.

---

[161] Cassio Scarpinella Bueno assim se posiciona, ilustrando seu raciocínio com o caso do INPI: "Na exata medida (...) que entendamos ser o interesse do INPI, para ficarmos com o mesmo exemplo, diferente do das partes, que se relaciona, unicamente, com a tutela de um interesse institucional, no sentido de aplicar adequada e corretamente o direito da propriedade industrial e que, por isso mesmo, sua atuação em juízo justifica-se muito mais pela tutela daquele direito, "em estado objetivo", no sentido de independer de sua aplicação concreta de subjetivação, sua função passa a ser idêntica – analisada a questão desse prisma – à do *custos legis*." BUENO, Cassio Scarpinella. **Amicus Curiae no Processo Civil Brasileiro:** um terceiro enigmático, op. cit., p. 432.

[162] Vale, porém, destacar novamente que Fredier Didier Júnior é contrário a equiparação entre o *amicus curie* e o *custos legis*, principalmente por entender que o primeiro "não atua como fiscal da qualidade das decisões, e sim mero auxiliar; e pode atuar em lides que não envolvam direitos indisponíveis." DIDIER, 2003, op. cit., p. 1249. Para mais detalhes, confira-se o capítulo 2.6 deste estudo.

Pelo contrário: segundo esse autor, a soma das contribuições da atuação do *amicus curiae* e do *custos legis* é benéfica ao processo, e coaduna-se com o "princípio da cooperação":

> Parece-nos absolutamente legítimo (e desejável, do ponto de vista sistemático) que a participação do Ministério Público, como autor ou como *custos legis,* em determinada causa, não exclua a do *amicus curiae*. A recíproca é verdadeira. Mesmo que as funções de um e de outro tendam a se assemelhar nos casos destacados, entendemos que a possibilidade da manifestação de ambos não deve ser impedida e, muito menos, significar que seja suficiente, por si só, excluindo a conveniência (ou necessidade, conforme o caso), da outra.
>
> Essas conclusões, frisadas neste item, só servem para robustecer o que afirmamos ao longo deste trabalho no sentido da conveniência de um máximo aproveitamento do contraditório – do "princípio da cooperação" -, com vistas ao proferimento de melhor e mais justa decisão jurisdicional, que leve em consideração o maior número possível de informações das mais variadas fontes, ampliando-se, dessa forma, a participação no plano do processo. [163]

O que está por traz desse entendimento é a ideia de que, quanto mais auxílio puder o juiz receber, maiores serão as condições de se ter uma melhor prestação da tutela jurisdicional.

---

[163] BUENO, Cassio Scarpinella. **Amicus Curiae no Processo Civil Brasileiro**: um terceiro enigmático, op.cit., p. 586.

## Capítulo 4
## Levantamento empírico e casuística

Neste capítulo, apresentam-se os dados a respeito das intervenções realizadas pela CVM, como *amicus curiae*, entre 2012 e maio de 2014, bem como as principais discussões encontradas na jurisprudência acerca dessa forma atuação da autarquia.

**4.1. Pareceres e esclarecimentos apresentados pela Comissão de Valores Mobiliários, na condição de *amicus curiae*, entre 2012 e maio 2014**
Nas ferramentas de pesquisa disponibilizadas ao público pelo Poder Judiciário brasileiro não há meios de se realizar busca de processos em primeira instância, por matéria. Por isso, não é possível mensurar a quantidade de casos que, pelo menos em tese, dizem respeito às matérias de competência da CVM, e muito menos verificar aqueles em que o juiz ou relator entendeu necessário oficiar a autarquia, em cumprimento ao art. 31 da Lei n. 6.385/1976.

Diante desse cenário, nossa tentativa de reunir dados a respeito da intervenção da CVM, como *amicus curiae*, foi direcionada à própria autarquia. Por meio de contato mantido com a Procuradoria Especializada junto à Comissão de Valores Mobiliários,[164] foi possível obter uma lista contendo os dados identificadores dos casos em que a autarquia apresentou parecer ou esclarecimentos em juízo, entre o ano de 2012 até maio

---

[164] O contato com a Procuradoria Especializada junto à Comissão de Valores Mobiliários foi respondido por seu então Procurador-Chefe, Dr. José Eduardo Guimarães Barros.

de 2014 (quando a lista nos foi fornecida). A relação dos casos consta ao final deste trabalho.

A quantidade total de intimações que foram encaminhadas pelo Poder Judiciário à autarquia no período, porém, não foi obtida.[165]

Assim, embora não tenha sido possível (i) confirmar se, proporcionalmente ao número de demandas que discutem o tema "mercado de capitais", a quantidade de acionamentos é expressiva; (ii) tampouco, dimensionar se o número de casos em que ocorreu o comparecimento da autarquia é relevante; a listagem de casos permitiu extrair boas informações.

Elas dizem respeito a: (i) matéria versada; (ii) iniciativa da intervenção; (iii) importância do parecer para a solução do processo; e (iv) outras observações importantes.

Essas informações, é importante frisar, foram obtidas através da consulta ao andamento dos processos indicados pela CVM, nos sites dos respectivos tribunais a que pertencem. Dos 15 (quinze) casos informados, porém, 3 (três) não puderam ser utilizados: um porque não continha dados identificadores válidos, e dois porque tramitam em segredo de justiça.

O exame, portanto, teve como base 12 (doze) casos, que tramitam: (i) na justiça estadual de São Paulo (cinco casos); (ii) justiça estadual do Rio de Janeiro (três casos); (iii) justiça estadual do Rio Grande do Sul (dois casos); (iv) justiça estadual da Bahia (um caso); e (v) no Superior Tribunal de Justiça (um caso).

A síntese dessas informações está registrada na tabela que segue.

---

[165] A obra de Eizirik e outros registra que o número de pareceres proferidos pela CVM na condição de *amicus curiae* "vem se revelando crescente, passando de apenas 8, em 1998, para 32, em 2005". Porém, a obra não indica a fonte dessa informação. EIZIRIK, et al., op.cit, p. 280.

## Tabela 1 – Informações relevantes a respeito dos casos em que a CVM apresentou parecer ou esclarecimentos em juízo, entre 2012 e maio de 2014.

| Processo | Matéria | Iniciativa da intervenção | Importância do parecer para a solução do processo | Observações |
|---|---|---|---|---|
| **1. SÃO PAULO.** 35ª Vara Cível do Foro Central da Capital. **Ação Ordinária n. 0131364-09.2011.8.26.0100** Autor: Carlos Nantes Bolsonaro. Réu: Intra S.a Corretora de Câmbio e Valores Mobiliários Consulta disponível: <https://www.tjsp.jus.br/> | Operações supostamente não realizadas ou autorizadas pelo investidor | Intervenção deferida em razão de pedido formulado pela parte | Parecer prestigiado no despacho saneador, para afastar a alegação de ilegitimidade da sociedade corretora de títulos e valores mobiliários "SCTVM". | |
| **2. SÃO PAULO.** 11ª Vara Cível do Foro Central da Capital. **Ação Sumária n. 0117524-63.2010.8.26.0100** Autor: Vera Lucia Lima Réu: Slw Corretora de Valores e Câmbio Ltda Consulta disponível: <https://www.tjsp.jus.br/> | Operações supostamente não realizadas ou autorizadas pelo investidor | Não foi possível identificar | Parecer prestigiado na sentença prolatada em 06/02/2014, para afastar alegação de desconhecimento do investidor. | Oportunizou-se a participação da CVM na instrução, manifestando-se sobre a prova documental produzida pelas partes. |
| **3. SÃO PAULO.** 3ª Vara Cível do Foro Central da Capital. **Ação Ordinária n. 0191965-15.2010.8.26.0100** Autor: Joao Marcos Cruvinel Machado Borges Réu: Um Investimento S/A Consulta disponível: <https://www.tjsp.jus.br> | Operações supostamente não realizadas ou autorizadas pelo investidor | Intervenção deferida em razão de pedido formulado pela parte | Parecer não referido na sentença do processo. | |
| **4. SÃO PAULO.** 7ª Vara Cível do Foro Regional de Santana/SP. **Ação Ordinária n. 0019824-5.2012.8.26.0001** Autor: BM&F Bovespa Supervisão de Mercados Réu: Sidnei Vitalino da Silva Consulta disponível: <https://www.tjsp.jus.br> | Multa por infração às regras do mercado | Intervenção espontânea da CVM | Parecer não referido na sentença do processo. | |

| Processo | Matéria | Iniciativa da intervenção | Importância do parecer para a solução do processo | Observações |
|---|---|---|---|---|
| 5. CAMPINAS. 10ª Vara Cível. **Ação Ordinária n. 0011180-16.2010.8.26.0114** Autor: Edmilson Robles Castilla Réu: Minerva S/A Consulta disponível: <https://www.tjsp.jus.br> | Bônus e recibo de subscrição | Não foi possível identificar | Processo ainda sem decisão. | Em 04/11/2014, foi proferida decisão determinando a remessa dos autos à justiça federal, em razão da intervenção da CVM. Essa decisão foi objeto de agravo, ainda não julgado. |
| 6. RIO DE JANEIRO. 4ª Vara Empresarial da Capital. **Ação Ordinária n. 0089044-42.2011.8.19.0001** Autor: Manoel Monteiro de Souza Filho e outros Réu: Clube de Investimento dos Empregados da Vale Investvale Consulta disponível: <http://www.tjrj.jus.br> | Prejuízo causado aos cotistas de fundo de investimento | Intervenção determinada *ex officio* | Parecer não referido na sentença do processo. | |
| 7. RIO DE JANEIRO. 6ª Vara Empresarial da Capital. **Ação Ordinária n. 0006711-96.2012.8.19.0001** Autor: Tamoyo Investimento S/A Corretora de Títulos e Valores Mobiliários Réu: Bolsa de Valores do Rio de Janeiro e outra Consulta disponível: <http://www.tjrj.jus.br> | Permuta de títulos patrimoniais em processo de alteração societária | Intervenção determinada *ex officio* | Parecer prestigiado na sentença prolatada em 18/12/2013, para afastar a alegação de ilegalidade. | |
| 8. RIO DE JANEIRO. 5ª Vara Empresarial da Capital. **Ação Ordinária n. 0251033-23.2012.8.19.0001** Autor: Andre Machado Lins Réu: Ativa Corretora de Tíίulos e outros Consulta disponível: <http://www.tjrj.jus.br> | Operações supostamente não realizadas ou autorizadas pelo investidor | Intervenção determinada *ex officio* | Processo ainda sem decisão. | |

| Processo | Matéria | Iniciativa da intervenção | Importância do parecer para a solução do processo | Observações |
|---|---|---|---|---|
| 9. PORTO ALEGRE. 10ª Vara Cível do Foro Central da Capital. Ação Ordinária n. 001/1.10.0103254-4 Autor: Mariângela Casanova de Souza Réu: XP Investimentos Consulta disponível: <http://www.tjrs.jus.br> | Operações supostamente não realizadas ou autorizadas pelo investidor | Intervenção deferida em razão de pedido formulado pela parte | Parecer prestigiado na sentença, para afastar alegação de desconhecimento do investidor. | |
| 10. PORTO ALEGRE. 10ª Vara Cível do Foro Central da Capital. Ação Ordinária n. 0173241-70.2011.8.21.0001 Autor: Gilvani Segala Réu: XP Investimentos Consulta disponível: <http://www.tjrs.jus.br> | Operações supostamente não realizadas ou autorizadas pelo investidor | Intervenção determinada *ex officio* | Processo sentenciado em 01/08/2014. Parecer da CVM não foi referido na sentença. | |
| 11. SALVADOR. Tribunal de Justiça da Bahia. Agravo de Instrumento n. 006835-38.2013.8.05.0000 Agravante: Companhia de Participações Aliança da Bahia Réu: Patrimonial Mundo Novo Consulta disponível: <http://www.tjba.jus.br> | Abuso de poder de controle e prejuízo aos acionistas de S/A | Intervenção deferida em razão de pedido formulado pela parte | Recurso julgado em 05/08/2014. O parecer da CVM (que informou que, em processo administrativo, não se concluiu pela existência de fatos relevantes irregularmente omitidos) foi utilizado na fundamentação do acórdão que cassou a liminar inicialmente deferida contra a companhia emissora. | (i) A intervenção ocorreu em grau de recurso. (ii) Entendeu o relator que a CVM somente deveria apresentar parecer, sendo dispensada posterior manifestação sobre a juntada de documentos, pelas partes. |
| 12. BRASÍLIA. Superior Tribunal de Justiça. Recurso Especial n. 1373438 Recorrente: Brasil Telecom S/A Réu: Germano Sonaglio Consulta disponível: <http://www.stj.jus.br> | Legalidade da cumulação de dividendos com juros sobre capital próprio | Intervenção determinada *ex officio* | Parecer prestigiado no acórdão prolatado em 11/06/2014, que admitiu a cumulação de dividendos com juros sobre capital próprio. | A intervenção ocorreu no STJ, e auxiliou o julgamento de Recurso Especial Repetitivo (art. 543-C do CPC) |

Fontes: Listagem fornecida pela Procuradoria Especializada junto à Comissão de Valores Mobiliários e consulta ao andamento dos processos, nos sites dos respectivos tribunais.

O subitem a seguir resume as conclusões que dessa análise podem ser extraídas.

## 4.2. Síntese da análise dos processos em que houve apresentação de parecer, pela Comissão de Valores Mobiliários, entre 2012 e maio de 2014

O exame dos processos em que a CVM compareceu, na condição de *amicus curiae*, entre 2012 e maio de 2014, revelou que o assunto mais frequente nessas ações é realização de operações supostamente não realizadas ou autorizadas pelo investidor (seis casos dos doze analisados diziam respeito a essa questão).

O exame dos processos também relevou que os juízes nem sempre estão atentos à obrigatoriedade da intimação da autarquia, determinada pelo art. 31 da Lei n. 7.385/196. Isso porque, em parte relevante dos casos, a intimação ocorreu atendendo a pedido do autor ou do réu (quatro dos dez em que esse item pode ser analisado). A intimação *ex officio* ocorreu principalmente nos processos que tramitam em varas empresariais do Rio de Janeiro (três dos cinco casos em que a intimação foi determinada pelo juiz), o que sugere uma maior familiaridade dessas para com a Lei n. 6.385/1976.

A análise também revelou que, na maior parte dos casos já decididos/sentenciados (mais precisamente, em seis dos dez casos já julgados), o parecer da autarquia auxiliou o magistrado, tendo sido utilizado como parte da fundamentação dos pronunciamentos.

Por fim, a análise revelou que, embora em pequeno número, a intervenção da CVM, na qualidade de *amicus curiae*, tem ocorrido também em grau de recurso (foram identificados dois casos entre aqueles que compõem a relação que subsidiou a pesquisa). Não se encontrou, no entanto, nenhum recurso que tenha sido interposto pela CVM, como *amicus curiae*.

## 4.3. Principais controvérsias na jurisprudência a respeito da intervenção da Comissão de Valores Mobiliários como *amicus curiae*

Buscando identificar as mais frequentes discussões judiciais a respeito da participação da CVM como *amicus curiae*, este estudo pesquisou a jurisprudência dos Tribunais Estaduais, Regionais e Federais brasileiros. A pesquisa foi realizada a partir dos termos "CVM" e/ou "Comissão de Valores Mobiliários", "*amicus curiae*"; e "intervenção". O resultado apontou inúmeros julgados que, na realidade, não guardavam pertinência com a questão aqui analisada. Por isso, foi necessário separar os casos relevantes para a análise proposta.

Ao final, verificou-se que os temas mais controvertidos a respeito dessa questão envolvem, basicamente: (i) a necessidade (ou não) de intimação da CVM para comparecer, na condição de *amicus curiae*; (ii) a nulidade decorrente da falta de intimação da CVM; e (iii) a necessidade (ou não) de deslocamento da competência para a Justiça Federal, em função da intervenção da CVM.

Alguns dos principais pronunciamentos sobre essas controvérsias estão apontados nas tabelas a seguir.

**Tabela 2** – Discussão jurisprudencial a respeito da necessidade de intimação da CVM para comparecer, na condição de *amicus curiae*.

| Processo | Posicionamento adotado sobre a necessidade de intimação da CVM | Matéria discutida |
|---|---|---|
| BRASIL. Superior Tribunal de Justiça. Recurso Especial n.º 1117445, Relatora Ministra Eliana Calmon, 2ª Turma, Brasília, DF, julgado em 06 de outubro de 2009. | Desnecessidade de intimação, já que a discussão não versa sobre valores mobiliários | Viabilidade de penhora de debênture em execução fiscal |
| DISTRITO FEDERAL. Tribunal Regional Federal da 1ª Região. Embargos de Declaração na Apelação Cível n. 0009750-41.2003.4.01.3400, Relator Desembargador Federal Leomar Barros Amorim de Sousa, 8ª Câmara. Brasília, DF, julgado em 01 de março de 2013. | Desnecessidade de intimação, já que a discussão não versa sobre valores mobiliários | Obrigações emitidas pela Eletrobrás em decorrência da Lei n. 4.156/1962 |
| RIO DE JANEIRO. Tribunal Regional Federal da 2ª Região. Agravo de Instrumento n. 232345 2013.02.01.0104928, Relatora Desembargadora Federal Maria Helena Cisne, 8ª Turma Especializada. Rio de Janeiro, RJ, julgado em 28 de novembro de 2013. | Desnecessidade de intimação, já que discussão não versa sobre "a legalidade e regularidade da emissão das debêntures" | Incidência da correção monetária sobre o valor pago a título de juros/debêntures |

| Processo | Posicionamento adotado sobre a necessidade de intimação da CVM | Matéria discutida |
|---|---|---|
| SÃO PAULO, Tribunal Regional Federal da 3ª Região. Apelação cível n. 0034589-85.2007.4.03.6100, Relatora Desembargadora Federal Alda Basto, São Paulo, SP, julgado em 14 de novembro de 2013. | Desnecessidade de intimação, já que a discussão é essencialmente tributária | Legalidade da cobrança de IRPJ e CSLL sobre os acréscimos patrimoniais decorrentes da operação de "desmutualização" da Bovespa |
| PERNAMBUCO, Tribunal Estadual de Justiça. Agravo n. 0010608-29.2011.8.17.0000, Relator Desembargador Josué Antônio Fonseca de Sena, Recife, PE, julgado em 05 de julho de 2011. | Desnecessidade de intimação, já que "a posição da CVM nos processos dessa natureza é dispensável, pois atuará apenas como *amicus curiae*, não sendo citada, mas apenas intimada acaso o juiz assim entenda" | Prejuízos causados pela venda de ações de S/A para um novo grupo controlador |
| RIO GRANDE DO SUL. Tribunal Regional Federal da 4ª Região. Agravo de instrumento n. 2008.04.00.021646-9, Relator Desembargador Federal Eloy Bernst Justo, Porto Alegre, RS, julgado em 23 de junho de 2008. | Desnecessidade de intimação, "em virtude da inexistência de qualquer reflexo sobre o mercado financeiro decorrente do que venha nele ser decidido" | Execução garantida por título de valor mobiliário |
| MINAS GERAIS, Tribunal Estadual de Justiça. Apelação Cível n. 409.967-4, Relator Desembargador Dídimo Inocêncio de Paula, Belo Horizonte, MG, julgado em 02 de dezembro de 2004. | Necessidade de intimação, já que a questão versa sobre mercado de capitais | Transferência de ações escriturais a terceiros |
| SÃO PAULO. Tribunal Estadual de Justiça. Embargos de declaração n. 0105686-06.2008.8.26.0000, Relator Desembargador Paulo Hatanaka, São Paulo, SP, julgado em 19 de outubro de 2009. | Necessidade de intimação, já que a questão versa sobre mercado de capitais | Contrato de financiamento para aquisição de ações |

Fonte: Ferramenta de pesquisa de jurisprudência dos Tribunais Estaduais, Regionais e Federais.

## Tabela 3 – Discussão jurisprudencial sobre a nulidade decorrente da falta de intimação da CVM

| Processo | Posicionamento adotado sobre a ausência de intimação da CVM |
|---|---|
| PARANÁ, Tribunal Estadual de Justiça. Apelação Cível n. 969889-3, Relatora Desembargadora Ana Lúcia Lourenço, Curitiba, PR, julgado em 15 de outubro de 2013. | Não acarreta nulidade, "já que não há qualquer previsão legal nesse sentido." |
| RIO DE JANEIRO, Tribunal Regional Federal da 2ª Região. Apelação cível n. 200751010198494, Relator Desembargador Federal Paulo Barata, Rio de Janeiro, RJ, julgado em 27 de maio de 2008. | Não acarreta nulidade, pois "Ainda que se entenda pela necessidade da intimação, o parecer ou os esclarecimentos, se apresentados, não vinculam a decisão do magistrado, que está submetido ao princípio do livre convencimento motivado (art. 131, do CPC)" |
| PARANÁ, Tribunal Estadual de Justiça. Apelação Cível n. 369458-6, Relator Desembargador Tufi Maron Filho, Curitiba, PR, julgado em 22 de fevereiro de 2007. | Acarreta a nulidade, já que a Lei prevê que a intimação é obrigatória. |
| MINAS GERAIS, Tribunal Estadual de Justiça. Apelação Cível n. 409.967-4, Relator Desembargador Dídimo Inocêncio de Paula, Belo Horizonte, MG, julgado em 02 de dezembro de 2004. | Acarreta a nulidade, já que a Lei prevê que a intimação é obrigatória. |
| MINAS GERAIS, Tribunal Estadual de Alçada. Apelação Cível n. 414.706-4, Relator Juiz Domingos Coelho, Belo Horizonte, MG, julgado em 10 de dezembro de 2003. | Acarreta a nulidade, já que a Lei prevê que a intimação é obrigatória. |

Fonte: Ferramenta de pesquisa de jurisprudência dos Tribunais Estaduais, Regionais e Federais.

## Tabela 4 – Discussão jurisprudencial sobre o deslocamento da competência para a Justiça Federal, em função da intervenção da CVM

| Processo | Posicionamento sobre o deslocamento da competência |
|---|---|
| PARANÁ, Tribunal Estadual de Justiça. Agravo de instrumento n. 1164541-3, Relator Desembargador Carlos Eduardo Andersen Espínola, Curitiba, PR, julgado em 27 de maio de 2014. | Necessidade de deslocamento da competência para a Justiça Federal, já que "a Justiça Estadual não detém competência para analisar requerimento de intervenção judicial de autarquia federal." |
| SÃO PAULO. Tribunal Estadual de Justiça. Agravo de instrumento n. 0490152-83.2010.8.26.0000, Relator Desembargador Gomes Varjão, São Paulo, SP, julgado em 15 de dezembro de 2010. | Desnecessidade de deslocamento da competência para a Justiça Federal, já que o comparecimento da CVM ocorre apenas na qualidade de *amicus curiae*, não tendo ela interesse na causa, nem podendo ser considerada assistente. |

Fonte: Ferramenta de pesquisa de jurisprudência dos Tribunais Estaduais, Regionais e Federais.

Como se vê, portanto, a jurisprudência contempla entendimentos diametralmente opostos sobre as principais questões pertinentes à intervenção da CVM como *amicus curiae*, o que torna bastante árdua a atividade de quem se depara com a questão.

## Capítulo 5
## Conclusão

Em toda e qualquer reflexão acerca do tema objeto deste estudo, duas premissas são sempre invocadas para se explicar a pertinência do que estabelece o art. 31 da Lei n. 6.385/1976: (i) a legislação que regula o mercado de capitais é complexa, e sua aplicação costuma ser tormentosa, pois frequentemente exige de seu intérprete o entendimento de conceitos altamente técnicos; e (ii) há poucos magistrados que efetivamente dominam os conceitos e as regras do mercado de capitais – e que, portanto, são capazes de realizar correta subsunção de seus fatos à legislação especial.

Isso, por si só, já evidencia a importância da intervenção prevista no art. 31 da Lei n. 6.385/1976. Através da contribuição prestada na qualidade de *amicus curiae*, a CVM atua para suprir o déficit de conhecimento do Poder Judiciário, auxiliando-o na prolação de decisões escorreitas sob o ponto de vista das normas e máximas que regem essa área.

Mas pode-se ir mais longe nessa análise, e apontar pelo menos mais uma importante razão pela qual a intervenção da autarquia, na forma do art. 31 da Lei n. 6.385/1976, é essencial para o fortalecimento do Poder Judiciário e do próprio mercado de capitais.

As análises apresentadas nos trabalhos de Paulo Cézar Aragão[166] e de Rafael de Almeida Rosa Andrade[167] indicam uma conclusão bastante

---

[166] ARAGÃO, op.cit, p. 38-49.
[167] ANDRADE, Rafael de Almeida Rosa. **Uma revisão teórica e empírica da relação entre Judiciário e desenvolvimento do mercado de capitais**. Disponível em: <http://www.bmfbovespa.com.br/pdf/artigorafael.pdf> Acesso em: 23 maio 2014.

interessante, qual seja: as controvérsias efetivamente relevantes nesse âmbito tendem a ocorrer à margem do Poder Judiciário, dada a desconfiança generalizada sobre sua eficiência na resolução dessa espécie de conflito.

Segundo a pesquisa realizada por Rafael de Almeida Rosa Andrade,[168] a jurisprudência revela "uma enorme preponderância de um conjunto pequeno de matérias apreciadas no Poder Judiciário. Estes temas conforme [...] são: alienação fraudulenta de ações, perdas no mercado e falência de corretora."[169]

No mesmo sentido, apontou a análise empírica feita no item 4.2 do capítulo 4 deste estudo. A partir da constatação de que a maior parte dos processos em que a CVM compareceu como *amicus curiae*, entre 2012 e maio 2014,[170] questionam a realização de operações supostamente não realizadas ou autorizadas pelo investidor, é possível concluir que grande parcela (se não, a maior) das ações judiciais que ensejam a intimação da autarquia discutem questões que não dão a dimensão da complexidade das questões ligadas ao mercado de capitais. São, em sua maioria, lides que exigem muito mais a aplicação das regras de direito civil (a exemplo dos pedidos de reparação por operação não autorizada), do que as normas do mercado de capitais.

Esse fato levou Paulo Cézar Aragão a uma observação bastante precisa: "ou sempre fomos um país com padrões escandinavos de governança corporativa, ou quase ninguém vai ao Poder Judiciário para discutir questões relativas a companhias ou ao mercado de valores mobiliários."[171]

---

[168] Referido autor analisou a jurisprudência do Tribunal de Justiça do Rio de Janeiro (estado que abriga a sede da CVM), no período de janeiro de 1998 a maio de 2007. Utilizando como chave de pesquisa as palavras: "acionista", "CVM", "bolsa de valores", "sociedade anônima", "ações", o trabalho aponta que, de um universo de 1.251 recursos apontados no resultado imediato da pesquisa, somente 92 efetivamente puderam ser aproveitados, já que os demais tratavam de assuntos não efetivamente ligados ao mercado de capitais (segundo o autor: "Por exemplo, a busca pelo termo "bolsa de valores" nos conduziu a inúmeras ações relativas a indenizações de bancos por reter a bolsa de clientes na porta giratória"). ANDRADE, Op. cit., p. 14.

[169] ANDRADE, op.cit., p. 22-23.

[170] Conforme listagem apresentada pela Procuradoria da autarquia.

[171] ARAGÃO, op. cit., p. 40. O mesmo autor ainda aponta que: "na experiência americana, surgindo controvérsia entre partes privadas acerca de matéria de competência da SEC, surge também muito rapidamente, o famoso 'see you in court'. Aqui, em nosso país, adotamos o método do 'vou reclamar à CVM', o que leva a opinião pública ao entendimento equivocado de que as questões se encerram com a decisão do Colegiado, e não com a manifestação definitiva do Poder Judiciário." ARAGÃO, op. cit., p. 44.

## CONCLUSÃO

Evidentemente, a segunda hipótese é a mais plausível. Segundo Aragão, as controvérsias mais emblemáticas do mercado de capitais não vão parar no Judiciário porque se teme "o desfecho da questão, à falta de precedentes jurisprudenciais e da efetiva especialização."[172]

Isso acarreta, como apontam Aragão e Andrade, uma distorção bastante curiosa: no Brasil, acredita-se que a CVM tem melhores condições que o Poder Judiciário de tratar e solucionar os conflitos que envolvem o mercado de capitais. Por isso, os participantes do mercado preferem dirigir-se a ela.

Com bem destaca Paulo Cezar Aragão: "ao invés de o Poder Judiciário assenhorear-se destas disputas, como previsto na Constituição, ocorre o oposto, com a CVM apropriando-se dos ritos e formas do Judiciário, sem a autoridade constitucional deste".[173]

Rafael de Almeida Rosa Andrade também concorda, registrando que: "o Judiciário não tem sido o *locus* deste *enforcement*, que estaria sendo promovido pela CVM." O autor ilustra esse dado apontado que, entre 2000 e 2006, a CVM analisou questões relativas à transparência/dever de informações ao mercado 73 vezes. A pesquisa realizada no Poder Judiciário, no mesmo período, não logrou encontrar nenhuma causa envolvendo essa matéria.[174]

Porém, como toda e qualquer distorção, essa postura gera anomalias.

Por mais lisonjeiro que seja a crença generalizada de que a CVM é mais eficiente que o Poder Judiciário para solucionar reclamações ligadas ao mercado de capitais, não é sustentável (nem constitucional) esperar que a autarquia funcione como sucursal do Poder Judiciário para os conflitos envolvendo essa matéria.[175]

Isso também se confirma pelo fato de que, no que tange à resolução de conflitos, os poderes da CVM são restritos. Embora possa repreender e penalizar participantes do mercado, algumas medidas são de competência exclusiva do Poder Judiciário (como, por exemplo, declarar a nulidade de atos; impor o pagamento de indenização etc).

Por isso, não se pode deixar de reagir contra a distorção criada. Cumpre-nos trabalhar para corrigi-la, já que a Constituição Federal atribui ao Poder Judiciário a competência para solucionar os conflitos de interesse.

---

[172] Ibidem, p. 41.
[173] Ibidem, p. 46.
[174] ANDRADE, op.cit., p. 34.
[175] Conforme: ARAGÃO, op. cit., p. 40

Deve ele, portanto, ser capaz de absorver e resolver, adequadamente, toda e qualquer espécie de lide, por mais complexa que seja.

Vista sob essa perspectiva, a intervenção prevista no art. 31 da Lei n. 6.385/1976 ganha importância ainda maior. Ao colocar a CVM como aliada do Poder Judiciário, a disposição legal contribuiu para afastar a crise de confiança que existe em relação à capacidade desse.

Processualmente, há uma série de questões controvertidas a respeito dessa forma de atuação da autarquia, conforme evidenciou o capítulo 4 deste estudo. Como o próprio *amicus curiae* é uma figura ainda polêmica em nosso ordenamento (pois, até o presente momento, não conta com uma disciplina legal padronizada) e porque alguns dos procedimentos previstos na Lei n. 6.385/1976 divergem daqueles aplicáveis a outras hipóteses de autuação do *amicus curiae* admitidas pelo sistema, são comuns os debates, dentro do processo, acerca da necessidade (ou não) da intimação da CVM; dos limites e efeitos de sua atuação etc. A respeito dessas questões, a pesquisa realizada neste estudo evidenciou que a jurisprudência de nossos tribunais está longe de ser pacífica.

De todo modo, esses questionamentos no plano processual não ofuscam a importância e a utilidade da previsão legal contida no art. 31 da Lei 6.385/1976. Neste ponto, vale destacar que, conforme revelou a pesquisa empírica realizada no capítulo 4 deste estudo, na maior parte dos casos já julgados em que a CVM compareceu, como *amicus curiae*, o seu parecer foi utilizado na fundamentação das decisões neles proferidas.

Essa ferramenta, no entanto, pode/deve ser mais utilizada.

Embora este estudo não tenha logrado apurar se proporcionalmente é relevante o número de casos em que a intimação da autarquia ocorreu (dada a impossibilidade de se pesquisar a quantidade de processos por matéria, em primeira instância, no Poder Judiciário), essa conclusão é intuitiva. Isso se afirma em razão da pequena quantidade de casos em que, segundo informado pela Procuradoria Especializada, houve o comparecimento da autarquia de 2012 a maio de 2014 (qual seja: quinze); bem como pelos números de pareceres referidos na obra de Eizirik e outros.[176]

Considerando-se que, segundo dados do Conselho Nacional de Justiça, o número de processos ajuizados anualmente na Justiça Estadual é de cerca

---

[176] Segundo referido, foram 8 pareceres em 1998 e 32 em 2005 – EIZIRIK, et al., op.cit, p. 280.

de 18 milhões,[177] as quantidades citadas pela Procuradoria e por Eizirik são ínfimas, apesar da certeza de que as ações que dizem respeito ao mercado de capitais não estão entre as mais populares no Poder Judiciário.

O artigo de Andrea Háfez admite a mesma ideia, apontando que a previsão contida no art. 31 da Lei n. 6.385/1976 parece ser pouco conhecida pelos operadores do direito.[178]

Além disso, a pesquisa empírica realizada neste trabalho também revelou existir certo comedimento na determinação de intimação da autarquia quando a causa envolve, pelo menos em tese, questões ligadas ao mercado de capitais. Embora a letra da lei permita concluir que a intimação é obrigatória, apesar de seu comparecimento não ser (pois a autarquia deve fazer um juízo de pertinência da sua intervenção); e a doutrina recomende a realização da intimação ao menor sinal de que a discussão possa envolver o mercado de capitais,[179] a análise revelou que, na prática, os magistrados tendem a encontrar fundamentos para evitar a intimação, fazendo reflexões sobre o distanciamento da controvérsia com as questões reguladas pela Lei n. 6.385/1976. Provavelmente, agem assim na crença de que a intervenção acabe tumultuando o processo. Perdem, porém, valiosa oportunidade de obter auxílio na prolação de uma decisão escorreita, com menor chance de ser reformada em sede de recurso – o que, só por isso, já justifica o afastamento desse receio.

Por tudo isso, nossa conclusão só pode ser uma: é de imenso valor a previsão contida no art. 31 da Lei n. 6.385/1976. Promover sua divulgação, para que ela seja utilizada em todo o seu potencial, é tarefa que cabe a todos os profissionais inseridos nesse mercado. Com isso, ganham todos: o Poder Judiciário (com a confiança e o respeito advindos da qualidade de sua prestação jurisdicional), o mercado (que sai fortalecido pelo credito do órgão responsável pelo *enforcement* de suas regras), e a própria CVM (pois com isso confirma seu papel de proteger e estimular o mercado de capitais).

---

[177] Disponível em: <http://www.conjur.com.br/2010-set-21/quantidade-processos-novos--justica-estadual-estabiliza-segundo-cnj> Acesso em 25 de jun. 2014.
[178] Segundo o artigo: "O maior problema, porém, para que o instituto seja utilizado de forma mais difundida, parece ser um desconhecimento de sua existência. O juiz Alexandre Marcondes, da 12a Vara Cível de São Paulo, com quinze anos de carreira, e há praticamente dez anos atuando no Foro Central paulista, diz não ter tido nenhum caso no qual tenha ocorrido esta intimação ao órgão especializado da CVM." HÁFEZ, op cit.
[179] =Conforme: LAPOLLA, op cit.

# REFERÊNCIAS

ABRAÃO, Pauliane do Socorro Lisboa. Algumas considerações críticas sobre a natureza jurídica do *amicus curiae* no direito brasileiro. **Revista Dialética de Direito Processual**, São Paulo, n. 105, p. 78-87, dez/2011.

ALMEIDA, Marcelo Pereira de. A Intervenção do *amicus curiae* em demandas seriais de interesse da administração pública. **Revista Legis Augustus**. Rio de Janeiro, v. 3, n. 2, p. 67-91, jul./dez. 2012.

ANDRADE, Rafael de Almeida Rosa. **Uma revisão teórica e empírica da relação entre Judiciário e desenvolvimento do mercado de capitais**. Disponível em: <http://www.bmfbovespa.com.br/pdf/artigorafael.pdf> Acesso em: 23 maio 2014.

ARAGÃO, Paulo Cezar. A CVM em Juízo: limites e possibilidades. **Revista de Direito Bancário e do Mercado de Capitais**. São Paulo, v. 34, ano IX, p. 38-49, outubro-dezembro de 2006.

ARENHART, Sérgio Cruz. A verdade e a prova no processo civil. **Revista Iberoamericana de Derecho Procesal**. Buenos Aires. Ano 5, v.7, p. 71-109, 2005.

ARRUDA ALVIM, José Manoel. Anulação de deliberação de conselho administrativo. **Direito Privado**, v. 2. São Paulo: Revista dos Tribunais, p. 260-289, 2002.

BAHIA, Alexandre Gustavo Melo Franco. O crescimento do papel do *amicus curiae* no novo CPC: perspectivas sobre a jurisprudência atual do STF. In: FREIRE, Alexandre et. al (orgs.). **Novas Tendências do Processo Civil**: Estudos sobre o Projeto do Novo Código de Processo Civil. Salvador: Juspodvm, 2013, 891 p.

BRASIL. Comissão de Valores Mobiliários. **O Mercado de Valores Mobiliários Brasileiro**. Comitê Consultivo de Educação. Rio de Janeiro: CVM, 2013, p. 41.

BUENO, Cassio Scarpinella. ***Amicus Curiae* no Processo Civil Brasileiro:** *um terceiro enigmático*. 2. ed. São Paulo: Saraiva, 2008, 721 p.

_____. ***Amicus Curiae*:** uma homenagem a Athos Gusmão Carneiro. Disponível em: <http://www.scarpinellabueno.com.br/Textos/Athos%20Gusm%E3o%20Carneiro-Homenagem%20Cassio%20Scarpinella%20Bueno.pdf>. Acesso em 18 abr. 2014

_____. Quatro perguntas e quatro respostas sobre o *amicus curiae*. **Revista Nacional da Magistratura**. Brasília, ano II, n. 5., p. 132-138, maio de 2008.

_____. **Projetos de Novo Código de Processo Civil comparados e anotados**. São Paulo: Saraiva, 2014, 520 p.

BUENO FILHO, Edgard Silveira. *Amicus Curiae:* a democratização do debate nos processos de controle da constitucionalidade. **Revista Diálogo Jurídico** – CAJ Centro de Atualização Jurídica. Salvador, v. 14, jun-ago. 2002. Disponível em <http://www.direitopúblico.com.br> Acesso em: 10 jul. 2014.

CAMBI, Eduardo; DAMASCENO Kleber Ricardo. *Amicus Curiae* e o Processo Coletivo. **Revista de Processo**. São Paulo, v. 36, n. 192, p. 13-45, fev. 2011.

CARNEIRO, Athos Gusmão. **Intervenção de Terceiros**, 13. ed. São Paulo: Saraiva, 2001, 304 p.

COULANGES, Fustel de. **A cidade antiga**. Título original: *La Cité Antique* . Tradução de Jean Melville. São Paulo: Martin Claret, 2009, 413 p.

CUNHA JR., Dirley da. **A intervenção de terceiros no processo de controle abstrato de constitucionalidade** – a intervenção do particular, do co-legitimidado, e do *amicus curiae* na ADIn, ADC e ADPF. In: DIDIER JR, Fredie (Coord.); WAMBIER, Teresa Arruda Alvim (Coord.). In: **Aspectos polêmicos e atuais sobre os terceiros no processo civil e assuntos afins.** São Paulo: Revista dos Tribunais, p. 149--167, 2004.

DEL PRÁ, Carlos Gustavo Rodrigues. *Amicus Curiae:* instrumento de participação democrática e aperfeiçoamento da prestação jurisdicional. Curitiba: Juruá, 2008, 238 p.

_____. Breves considerações sobre o *amicus curiae* na ADIN e sua legitimidade recursal. In: DIDIER JR, Fredie (Coord.); WAMBIER, Teresa Arruda Alvim (Coord.). **Aspectos polêmicos e atuais sobre os terceiros no processo civil e assuntos afins.** São Paulo: Revista dos Tribunais, p. 59-80, 2004.

_____. Primeiras impressões sobre a participação do *amicus curiae* segundo o projeto do novo Código de Processo Civil (art. 322). **Revista de Processo**. São Paulo, v. 36, n. 194, p. 307-313, abr. 2011.

DIDIER JR, Fredie. A intervenção Judicial do CADE (art. 89, LF 8.884/94) e da CVM (art. 31, LF 6.385/76). In: FARIAS, Cristiano Chaves de (Coord.); DIDIER JR, Fredie (Coord.). **Procedimentos Especiais Cíveis.** São Paulo: Saraiva, p. 1.245-1.258, 2003.

_____; SOUZA, Marcus Seixas. Formação do Precedente e *Amicus Curiae* no Direito Imperial Brasileiro: O Interessante Dec. 6.142/1879. **Revista de Processo.** São Paulo, v. 38, n. 220, p. 407-421, jun. 2013.

_____. Possibilidade de sustentação oral do *amicus curiae*. **Revista Dialética de Direito Processual.** São Paulo, v. 8, n. 41, p. 33-38, nov/2003.

DINAMARCO, Cândido Rangel. **Instituições de Direito Processual Civil.** 2. ed. São Paulo: Malheiros, 2005, vol. 2, 916 p.

EIZIRIK, Nelson; et al. **Mercado de Capitais – Regime Jurídico**. 3. ed. Rio de Janeiro: Renovar, 2011, 660 p.

FRICH, Felipe. CVM e Ministério Público encerram caso de *insider* da Suzano com acordo. **O Globo.** Publicado em 6 de março de 2008. Disponível em: <http://extra.globo.com/noticias/economia/cvm-ministerio-publico-encerram--caso-de-insider-da-suzano-com-acordo-484803.html#ixzz34x4EBb8w> Acesso em 17 jun. 2014.

HÁFEZ Andréa. Amigo da Corte – Juízes têm na Procuradoria Especializada da CVM auxílio para suas decisões. **Espaço Jurídico Bovespa.** Disponível em: <http://www.portaldoinvestidor.gov.br/portaldoinvestidor/export/sites/portaldoinvestidor/entrevistas/Arqui-

vos/Amigo_da_Corte.PDF> Acesso em: 08 dez. 2013.

LAPOLLA, Marcelo. Atuação da CVM em processos judiciais condiz com busca por qualidade em decisões. **Espaço Jurídico Bovespa.** Disponível em: <http://www.salussemarangoni.com.br/ckfinder/userfiles/files/MAA_15-09-2011.pdf> Acesso em: 08 dez. 2013.

NERY JR, Nelson, e NERY, Rosa Maria de Andrade. Código de Processo Civil Comentado e Legislação Processual Civil Extravagante, 3 ed., São Paulo: Revista dos Tribunais, 1997.

PIMENTA, Carlos Eduardo Azevedo. **Perspectivas para o futuro do *amicus curiae* no novo Código de Processo Civil.** Jus Navegandi.Disponível em: <http://jus.com.br/artigos/35274/perspectivas-para-o-futuro-do-amicus-curiae-no-novo-codigo-de-processo-civil#ixzz3XnD3q83v> Acesso em 20 mar. 2015.

PINTO, Rodrigo Strobel. *Amicus curiae* no Projeto de Código de Processo Civil. **Revista de Processo,** São Paulo, v. 38, n. 220, p. 231-238, jun. 2013.

PRESTES, Cristine. O crime não compensa. **Jornal Valor Econômico**, publicado em 22 de dezembro de 2011. Disponível em: <http://clippingmp.planejamento.gov.br/cadastros/noticias/2011/12/22/o-crime-nao-compensa/> Acesso em 17 de jun. 2014.

RÓNAI, Paulo. **Não perca seu latim.** 5. ed. São Paulo: Nova Fronteira, 1980, 265 p.

ROSAS, Vanderlei de Barros. **Mundo dos filósofos:** pequeno dicionário jurídico de expressões latinas. Disponível em: <http://www.mundodosfilosofos.com.br/latim.htm#N> Acesso em: 20 jul. 2014.

SALLES, Marcos Paulo de Almeida. Mercado de Valores Mobiliários e Comissão de Valores Mobiliários. In: **Comentários à Lei das Sociedades por Ações** (Lei 6404/76), v. 3. VIDIGAL, Geraldo de Camargo; MARTINS, Ives Gandra da Silva (Coord.). São Paulo, Co-edição entre Instituto dos Advogados de São Paulo e Resenha Universitária, 1980. 140 p.

SANTOS, Ernane Fidélis dos. **Manual de Direito Processual Civil.** 15. ed. São Paulo: Saraiva, 2011, 1106 p.

SANTOS, Esther Maria Brighenti dos. *Amicus curiae:* um instrumento de aperfeiçoamento nos processos de controle de constitucionalidade. Jus Navegandi. Disponível em: <http://jus.com.br/artigos/7739/amicus-curiae#ixzz2zTfljEd7> Acesso em 20 abr. 2014.

SATO. Priscila Kei. O Instituto Nacional de Propriedade Industrial nas ações de nulidade e de adjudicação: parte ou assistente?" In: DIDIER JR, Fredie (Coord.); WAMBIER, Teresa Arruda Alvim (Coord.). **Aspectos polêmicos e atuais sobre os terceiros no processo civil e assuntos afins.** São Paulo: Revista dos Tribunais, p. 779-815, 2004.

SILVA, Luiz Fernando Martins da. *Amicus curiae,* direito, política e ação afirmativa. **Revista de Ciência Política,** n. 24 – jul/ago 2005. Disponível em: <http://www.achegas.net/numero/vinteequatro/l_fernando_24.htm> Acesso em: 01 dez. 2014.

TANJI, Márcia. **Mercado de Capitais brasileiro e tutela coletiva dos interesses.** São Paulo, 2009. n. de paginas. Dissertação como requisito para obtenção do título de mestre em direito – Faculdade de Direito da Universidade de São Paulo, São Paulo, 2009, 203 p.

TAVARES, Osvaldo Hamilton. A CVM como *amicus curiae*. **Revista dos Tribunais,** São Paulo, v. 82, n. 690, p. 286, abril de 1993.

U.S. SECURITIES EXCHENGE COMISSION. *Request for Commission Amicus Participation in a Pending Case*. Disponível em: <http://www.sec.gov/litigation/amicus-briefs.shtml> Acesso em: 08 mar. 2015.

VARGAS, Denise. A (i)legitimidade recursal do "amicus curiae" no controle de constitucionalidade. **Atualidades do Direito.** Disponível em: <http://atualidadesdodireito.com.br/denisevargas/2011/12/05/a-ilegitimidade-recursal-do-amicus-curiae-no-controle-de-constitucionalidade/> Acesso em: 08 dez. 2013.

WAMBIER, Teresa Arruda Alvim. *Amicus curiae* – Afinal, quem é ele? **Revista do Instituto dos Advogados do Paraná,** Curitiba, n. 34, p. 241-245, dez. 2006.

ZACLIS, Lionel. **Proteção Coletiva dos Investidores no Mercado de Capitais.** São Paulo: Revista dos Tribunais, 2007, p. 223.

# LEGISLAÇÃO

BRASIL, Decreto Imperial n. 2.684, de 23 de outubro de 1885, posteriormente regulado pelo Decreto n. 6.142, de 10 de março de 1876. Disponível em: < http://www2.camara.leg.br/legin/fed/decret/1824-1899/decreto-2684-23-outubro-1875-549772-publicacaooriginal-65290-pl.html> Acesso em: 20 jun. 2014.

BRASIL, Constituição Federal da República Federativa do Brasil, de 5 de outubro de 1988. Disponível em: <http://www.planalto.gov.br/ccivil_03/constituicao/constituicao.htm> Acesso em: 20 jun. 2014.

BRASIL, Lei Federal n. 5.869, de 11 de janeiro de 1973. Institui o Código de Processo Civil. Disponível em: <http://www.planalto.gov.br/ccivil_03/leis/l5869.htm> Acesso em: 20 jun. 2014.

BRASIL, Lei Federal n. 6.385, de 07 de dezembro de 1976. Dispõe sobre o mercado de valores mobiliários e cria a Comissão de Valores Mobiliários. Disponível em: <http://www.planalto.gov.br/ccivil_03/leis/l6385.htm> Acesso em: 20 jun. 2014.

BRASIL, Lei Federal n. 6.404, de 15 de dezembro de 1976. Dispõe sobre as Sociedades por Ações. Disponível em: < http://www.planalto.gov.br/ccivil_03/leis/l6404consol.htm> Acesso em: 08 mar. 2015.

BRASIL, Lei Federal n. 6.616, de 16 de dezembro de 1978. Acrescenta artigos a Lei nº 6.385, de 7 de dezembro de 1976, que dispõe sobre o mercado de valores mobiliários e cria a Comissão de Valores Mobiliários. Disponível em: <http://www.planalto.gov.br/ccivil_03/leis/L6616.htm> Acesso em: 20 jun. 2014.

BRASIL, Lei Federal n. 7.347, de 24 de julho de 1985. Disciplina a ação civil pública de responsabilidade por danos causados ao meio-ambiente, ao consumidor, a bens e direitos de valor artístico, estético, histórico, turístico e paisagístico (VETADO) e dá outras providências. Disponível em: < http://www.planalto.gov.br/ccivil_03/leis/l7347orig.htm> Acesso em: 20 jun. 2014.

BRASIL, Lei Federal n. 7.913, de 07 de dezembro de 1989. Dispõe sobre a ação civil pública de responsabilidade por danos causados aos investidores no mercado de valores mobiliários. Disponível em: < http://www.planalto.gov.br/ccivil_03/leis/L7913.htm> Acesso em: 20 jun. 2014.

BRASIL, Lei Federal n. 8.710, de 24 de setembro de 1993. Altera dispositivos da Lei nº 5.869, de 11 de janeiro de 1973 – Código de Processo Civil. Disponível em: <http://www.planalto.gov.br/ccivil_03/leis/L8710.htm> Acesso em: 20 jun. 2014.

BRASIL, Lei Federal n. 8.884, de 11 de junho de 1994. Transforma o Conselho Administrativo de Defesa Econômica (CADE) em Autarquia, dispõe sobre a prevenção e a repressão às infrações contra a ordem econômica e dá outras providências. Disponível em: <http://www.planalto.gov.br/ccivil_03/leis/l8884.htm> Acesso em: 20 jun. 2014.

BRASIL, Lei Federal n. 8.906, de 4 de julho de 1994. Dispõe sobre o Estatuto da Advocacia e a Ordem dos Advogados do Brasil (OAB). Disponível em: <http://www.planalto.gov.br/ccivil_03/leis/l8906.htm> Acesso em: 20 jun. 2014.

BRASIL, Lei Federal n. 9.279, de 14 de maio de 1996. Regula direitos e obrigações relativos à propriedade industrial. Disponível em: <http://www.planalto.gov.br/ccivil_03/leis/l9279.htm> Acesso em: 20 jun. 2014.

BRASIL, Lei Federal n. 9.469, de 10 de julho de 1997. Regulamenta o disposto no inciso VI do art. 4º da Lei Complementar nº 73, de 10 de fevereiro de 1993; dispõe sobre a intervenção da União nas causas em que figurarem, como autores ou réus, entes da administração indireta; regula os pagamentos devidos pela Fazenda Pública em virtude de sentença judiciária; revoga a Lei nº 8.197, de 27 de junho de 1991, e a Lei nº 9.081, de 19 de julho de 1995, e dá outras providências. Disponível em: <http://www.planalto.gov.br/ccivil_03/leis/L9469.htm> Acesso em: 20 jun. 2014.

BRASIL, Lei Federal n. 9.868, de 10 de novembro de 1999. Dispõe sobre o processo e julgamento da ação direta de inconstitucionalidade e da ação declaratória de constitucionalidade perante o Supremo Tribunal Federal. Disponível em: <http://www.planalto.gov.br/ccivil_03/leis/l9868.htm> Acesso em: 20 jun. 2014.

BRASIL, Lei Federal n. 9.882, de 3 de dezembro de 1999. Dispõe sobre o processo e julgamento da argüição de descumprimento de preceito fundamental, nos termos do § 1o do art. 102 da Constituição Federal. Disponível em: <http://www.planalto.gov.br/ccivil_03/leis/l9882.htm> Acesso em: 20 jun. 2014.

BRASIL, Lei Federal n. 10.352, de 26 de dezembro de 2001, Altera dispositivos da Lei no 5.869, de 11 de janeiro de 1973 – Código de Processo Civil, referentes a recursos e ao reexame necessário. Disponível em: <http://www.planalto.gov.br/ccivil_03/leis/LEIS_2001/L10352.htm> Acesso em: 20 jun. 2014.

BRASIL, Lei Federal n. 10.406, de 10 de janeiro de 2002. Institui o Código Civil. Disponível em: <http://www.planalto.gov.br/ccivil_03/leis/2002/l10406.htm> Acesso em: 20 jun. 2014.

BRASIL, Lei Federal n. 10.411, de 26 de fevereiro 2002. Altera e acresce dispositivos à Lei nº 6.385, de 7 de dezembro de 1976, que dispõe sobre o mercado de valores mobiliários e cria a Comissão de Valores Mobiliários. Disponível em: <http://www.planalto.gov.br/ccivil_03/leis/2002/L10411.htm> Acesso em: 20 jun. 2014.

BRASIL, Regimento Interno da Turma Nacional de Uniformização de Jurisprudência dos Juizados Especiais Federais, aprovado pela Resolução n. 390/2004 do Conselho da Justiça Federal – revogado pela Resolução n. 22, de 4 de setembro de 2008, do mesmo Conselho Disponível em: <http://www2.trf4.jus.br/trf4/upload/editor/hcd_rescjf22-2008_0.pdf> Acesso em: 20 jun. 2014.

BRASIL, Lei Federal n. 11.417, de 19 de dezembro de 2006. Regulamenta o art. 103-A da Constituição Federal e altera a Lei nº 9.784, de 29 de janeiro de 1999, disciplinando a edição, a revisão e o cancelamento de enunciado de súmula vinculante pelo Supremo Tribunal Federal, e dá outras providências. Disponível em: <http://www.planalto.gov.br/ccivil_03/_ato2004-2006/2006/lei/l11417.htm> Acesso em: 20 jun. 2014.

BRASIL, Lei Federal n. 11.418, de 19 de dezembro de 2006. Acrescenta à Lei nº 5.869, de 11 de janeiro de 1973 – Código de Processo Civil, dispositivos que regulamentam o § 3º do art. 102 da Constituição Federal. Disponível em: <http://www.planalto.gov.br/ccivil_03/_ato2004-2006/2006/lei/l11418.htm> Acesso em: 20 jun. 2014.

BRASIL, Lei Federal n. 11.448, de 15 de janeiro de 2007. Altera o art. 5º da Lei nº 7.347, de 24 de julho de 1985, que disciplina a ação civil pública, legitimando para sua propositura a Defensoria Pública. Disponível em: <http://www.planalto.gov.br/ccivil_03/_ato2007-2010/2007/lei/l11448.htm> Acesso em: 20 jun. 2014.

BRASIL, Lei Federal n. 11.672, de 8 de maio de 2008. Acresce o art. 543-C à Lei nº 5.869, de 11 de janeiro de 1973 – Código de Processo Civil, estabelecendo o procedimento para o julgamento de recursos repetitivos no âmbito do Superior Tribunal de Justiça. Disponível em: <http://www.planalto.gov.br/ccivil_03/_Ato2007-2010/2008/Lei/L11672.htm> Acesso em: 20 jun. 2014.

BRASIL, Lei Federal n. 13.105, de 16 de março de 2015. Institui o Código de Processo Civil. Disponível em: < http://www.planalto.gov.br/ccivil_03/_Ato2015-2018/2015/Lei/L13105.htm> Acesso em: 08 mar. 2015.

Brasil, Superior Tribunal de Justiça, Resolução nº 8, de 7 agosto de 2008. Estabelece os procedimentos relativos ao processamento e julgamento de recursos especiais repetitivos. Disponível em: <http://bdjur.stj.jus.br/xmlui/bitstream/handle/2011/17559/Res_8_2008_PRE.pdf;jsessionid=0E5D235EB8D89045E00E69A88A75D505?sequence=4> Acesso em: 20 jun. 2014.

BRASIL, Projeto de Lei no 8.046/2010, Origem: PLS n. 166, de 2010 do Senado Federal, Apresentação: 22/12/2010, Disponível em: <http://www.camara.gov.br/proposicoesWeb/fichadetramitacao?idProposicao=490267> Acesso em: 20 jun. 2014.

BRASIL, Lei Federal n. 10.259, de 12 de julho de 2011. Dispõe sobre a instituição dos Juizados Especiais Cíveis e Criminais no âmbito da Justiça Federal. Disponível em: <http://www.planalto.gov.br/ccivil_03/leis/leis_2001/l10259.htm> Acesso em: 20 jun. 2014.

BRASIL, Supremo Tribunal Federal (STF). Regimento Interno: [atualizado até maio de 2013]. Disponível em: <http://www.stf.jus.br/portal/cms/verTexto.asp?servico=legislacaoRegimentoInterno> Acesso em: 20 jun. 2014.

BRASIL, Comissão de Valores Mobiliários (CVM). Instrução Normativa n. 358, de 3 de janeiro de 2002 (versão consolidada). Disponível em: <http://www.cvm.gov.br/export/sites/cvm/legislacao/anexos/inst/300/inst358consolid.pdf> Acesso em: 09 mar. 2015.

ESTADOS UNIDOS, Suprema Corte. **Rules of the Supreme Court of The United States**. Adopted April 19, 2013. Disponível em: <http://www.supremecourt.gov/ctrules/ctrules.aspx> Acesso em: 01 dez. 2014.

## JURISPRUDÊNCIA

BRASIL. Supremo Tribunal Federal. Admissão como *Amicus Curiae*. Recurso Extraordinário n. 592891, Relator Ministra Rosa Weber, Brasília, DF, julgado em 15 de maio de 2012; Disponível em: <http://www.stf.jus.br/portal/processo/verProcessoAndamento.asp?incidente=2638514> Acesso em: 20 jun. 2014.

BRASIL. Supremo Tribunal Federal. Ação Direta de Inconstitucionalidade n. 3615 ED, Relatora Ministra Cármen Lúcia, Tribunal Pleno, julgado em 17 de março de 2008, Disponível em: <http://www.stf.jus.br/portal/processo/verProcessoAndamento.asp?incidente=2337720> Acesso em: 20 jun. 2014.

BRASIL. Supremo Tribunal Federal. Ação Direta de inconstitucionalidade n. 4071, Relator Ministro Menezes Direito Brasília, DF, julgado em 22 de abril de 2009: Disponível em: <http://www.stf.jus.br/portal/processo/verProcessoAndamento.asp?incidente=2611967> Acesso em 20 jun. 2014.

BRASIL. Supremo Tribunal Federal. Recurso Extraordinário n. 597165/DF, Relator Ministro Celso De Mello, Brasília, DF, prolatada em 04 de abril de 2011. Disponível em: <http://supremoemdebate.blogspot.com.br/2011/05/definindo-amicus-curiae-informativo-623.html> Acesso em 20 jun. 2014.

BRASIL. Supremo Tribunal Federal. Arguição de Descumprimento de Preceito Fundamental n. 216, Relatora Ministra Cármen Lúcia, Brasília, DF, prolatada em 23 de novembro de 2011. Disponível em: <http://www.stf.jus.br/portal/processo/verProcessoAndamento.asp?incidente=3937007> Acesso em 20 jun. 2014.

BRASIL. Supremo Tribunal Federal. Ação Direta de Inconstitucionalidade n. 3934-ED-AgR, Relator Ministro Ricardo Lewandowski, Tribunal Pleno, julgado em 24 de fevereiro de 2011. Disponível em: <http://www.stf.jus.br/portal/processo/verProcessoAndamento.asp?incidente=2544041> Acesso em: 20 jun. 2014.

BRASIL. Superior Tribunal de Justiça. Agravo Regimental no Mandado de Segurança n. 12.459/DF, Relator Ministro João Otávio de Noronha, Primeira Seção, Brasília, DF, julgado em 24 de outubro de 2007. Disponível em: <https://ww2.stj.jus.br/processo/pesquisa/?tipoPesquisa=tipoPesquisaNumeroRegistro&termo=200602730972&totalRegistrosPorPagina=40&aplicacao=processos.ea> Acesso em: 20 jun. 2014.

BRASIL. Superior Tribunal de Justiça. Embargos de Divergência no Recurso Especial n. 1236002, Relator Ministro Napoleão Nunes Maia do Filho, Brasília, DF, julgado em 25 de setembro de 2013; Disponível em: <https://ww2.stj.jus.br/processo/pesquisa/?src=1.1.2&aplicacao=processos.ea&tipoPesquisa=tipoPesquisaGenerica&num_registro=201201054145> Acesso em: 20 jul. 2014.

BRASIL. Superior Tribunal de Justiça. Recurso Especial n. 1.309.529/PR, Relator Ministro Herman Benjamin, Primeira Seção, Brasília, DF, julgado em 28 de novembro de 2012: Disponível em: <https://ww2.stj.jus.br/processo/pesquisa/?tipoPesquisa=tipoPesquisaNumeroRegistro&termo=201200330130&totalRegistrosPorPagina=40&aplicacao=processos.ea> Acesso em 20 jun. 2014.

BRASIL. Superior Tribunal de Justiça. Recurso Especial n. 1.205.946/SP, Relator Ministro Benedito Gonçalves, Corte Especial, Brasília, DF, julgado em 17 de outubro de 2011. Disponível em: <https://ww2.stj.jus.br/processo/pesquisa/?tipoPesquisa=tipoPesquisaNumeroRegistro&termo=201001366556&totalRegistrosPorPagina=40&aplicacao=processos.ea> Acesso em 20 jun. 2014.

BRASIL. Superior Tribunal de Justiça. Pet no Recurso Especial nº 1398260/PR, Relator: Mininistro Herman Benjamin. Primeira Seção. Brasília, DF, julgado em 31 de março de 2014. Disponível em: <https://ww2.stj.jus.br/processo/pesquisa/?tipoPesquisa=tipoPesquisaNumeroRegistro&termo=201302684132&totalRegistrosPorPagina=40&aplicacao=processos.ea> Acesso em: 20 jun. 2014.

BRASIL. Superior Tribunal de Justiça. Embargos de Declaração no Recurso Especial n. 1261020/CE, Relator Ministro Mauro Campbell Marques, Primeira Seção, julgado em 13 de março de 2013, Disponível em: <https://ww2.stj.jus.br/processo/pesquisa/?tipoPesquisa=tipoPesquisaNumeroRegistro&termo=201101441260&totalRegistrosPorPagina=40&aplicacao=processos.ea> Acesso em: 20 jun. 2014.

BRASIL. Superior Tribunal de Justiça. Recurso Especial n.º 1117445, Relatora Ministra Eliana Calmon, 2ª Turma, Brasília, DF, julgado em 06 de outubro de 2009. Disponível em: <http://www.stj.jus.br/SCON/jurisprudencia/toc.jsp?tipo_visualizacao=null&processo=1117445&b=ACOR&thesaurus=JURIDICO> Acesso em: 20 de jun. de 2014.

BRASIL. Superior Tribunal de Justiça, Recurso Especial nº 1.212.661/RS, Relator Ministro Arnaldo Esteves Lima, Brasília, DF, julgado em 16 de fevereito de 2011, Disponível em: <https://ww2.stj.jus.br/processo/pesquisa/?tipoPesquisa=tipoPesquisaNumeroRegistro&termo=201001764491&totalRegistrosPorPagina=40&aplicacao=processos.ea> Acesso em 20 jun. 2014.

BRASIL. Superior Tribunal de Justiça. Petição no Recurso em Mandado de Segurança nº 38.953/RJ, Relatora Ministra Maria Thereza de Assis Moura, Brasília, DF, prolatada em 06 de agosto de 2013. Disponível em: <https://ww2.stj.jus.br/processo/pesquisa/?src=1.1.2&aplicacao=processos.ea&tipoPesquisa=tipoPesquisaGenerica&num_registro=201201769982> Acesso em 20 jun. 2014.

BRASIL. Superior Tribunal de Justiça. Petição no Recurso Especial nº 1207071/RJ, Relatora Ministra Maria Isabel Gallotti, Brasília, DF, prolatada em 30 de maio de 2012. Disponível em: <https://ww2.stj.jus.br/processo/pesquisa/?src=1.1.2&aplicacao=processos.ea&tipoPesquisa=tipoPesquisaGenerica&num_registro=201001430498> Acesso em 20 jun. 2014.

BRASIL. Superior Tribunal de Justiça, Petição no Recurso Especial nº 1293605/PR, Relator Ministro Luis Felipe Salomão, Brasília, DF, prolatada em 13 de setembro de 2012. Disponível em: <https://ww2.stj.jus.br/processo/pesquisa/?src=1.1.2&aplicacao=processos.ea&tipoPesquisa=tipoPesquisaGenerica&num_registro=201100875620> Acesso em 20 jun. 2014.

MINAS GERAIS, Tribunal Estadual de Justiça. Apelação Cível n. 409.967-4, Relator Desembargador Dídimo Inocêncio de Paula, Belo Horizonte, MG, julgado em 02 de dezembro de 2004. Disponível em: <http://tj-mg.jusbrasil.com.br/jurisprudencia/5832350/200000040996740001--mg-2000000409967-4-000-1/inteiro--teor-11982143> Acesso em 20 jun. 2014.

MINAS GERAIS, Tribunal Estadual de Alçada. Apelação Cível n. 414.706-4, Relator Juiz Domingos Coelho, Belo Horizonte, MG, julgado em 10 de dezembro de 2003. Disponível em: <http://tj-mg.jusbrasil.com.br/jurisprudencia/5832350/200000040996740001--mg-2000000414706-4-000-1/inteiro--teor-11982143> Acesso em 08 mar. 2015.

DISTRITO FEDERAL. Tribunal Regional Federal da 1ª Região. Embargos de Declaração na Apelação Cível n. 0009750-41.2003.4.01.3400, Relator Desembargador Federal Leomar Barros Amorim de Sousa, 8ª Câmara. Brasília, DF, julgado em 01 de março de 2013. Disponível em: <http://jurisprudencia.trf1.jus.br/busca/> Acesso em 20 jun. 2014.

PARANÁ, Tribunal Estadual de Justiça. Agravo de instrumento n. 1164541-3, Relator Desembargador Carlos Eduardo Andersen Espínola, Curitiba, PR, julgado em 27 de maio de 2014. Disponível em: <http://portal.tjpr.jus.br/jurisprudencia/j/11675407/Decis%C3%A3o%20Monocr%C3%A1tica1164541-3> Acesso em 20 jun. 2014.

PARANÁ. Tribunal Estadual de Justiça. Apelação Cível n. 369458-6. Relator Desembargador Tufi Maron Filho, Curitiba, PR, julgado em 22 de fevereiro de 2002. Disponível em: <http://portal.tjpr.jus.br/jurisprudencia/publico/pesquisa.do?actionType=pesquisar> Acesso em 20 jun. 2014

PARANÁ.Tribunal Estadual de Justiça. Apelação Cível n.º 969889-3, 6ª Câmara Cível, Relatora Desembargadora Ana Lúcia Lourenço, Curitiba, PR, julgado em 15 de outubro de 2013. Disponível em: <http://portal.tjpr.jus.br/jurisprudencia/publico/pesquisa.do?actionType=pesquisar> Acesso em: 20 jun. 2014.

PERNAMBUCO.Tribunal Estadual de Justiça. Agravo de Instrumento n.º 0010608-29.2011.8.17.0000, 1ª Câmara Cível, Relator Desembargador Relator: Josué Antônio Fonseca de Sena, Recife, PE, julgado em 5 de julho de 2011. Disponível em: <http://www.tjpe.jus.br/consultajurisprudenciaweb/xhtml/consulta/escolhaResultado.xhtml> Acesso em: 20 jun. 2014.

RIO DE JANEIRO. Tribunal Regional Federal da 2ª Região. Agravo de Instrumento n. 232345 2013.02.01.0104928, Relatora Desembargadora Federal Maria Helena Cisne, 8ª Turma Especializada. Rio de Janeiro, RS, julgado em 28 de novembro de 2013. Disponível em: <http://www.trf2.jus.br/Paginas/Resultado.aspx?Content=4CA46B7382EE606F13660929B39F965E?proc=001049205.2013.4.02.0000&andam=1&tipo_consulta=1&mov=3> Acesso em: 20 de jun. de 2014.

RIO DE JANEIRO, Tribunal Regional Federal da 2ª Região. Apelação cível n. 200751010198494, Relator Desembargador Federal Paulo Barata, Rio de

Janeiro, RJ, julgado em 27 de maio de 2008. Disponível em: <http://jurisprudencia.trf2.jus.br/v1/search?q=cache:ShqV7i69OE4J:trf2nas.trf.net/iteor/TXT/RJ0108310/1/74/252638.rtf+%22Verificase+que+a+norma+confere+%C3%A0+CVM+a+faculdade+de+integrar+o+feito+para+oferecer+parecer+ou+prestar+esclarecimentos+do+seu+interesse%22+&client=jurisprudencia&output=xml_no_dtd&proxystylesheet=jurisprudencia&lr=lang_pt&ie=UTF-8&site=acordao&access=p&oe=UTF-8> Acesso em 20 jun.2014.

RIO GRANDE DO SUL. Tribunal Regional Federal da 4ª Região. Agravo de instrumento n. 2008.04.00.021646-9, Relator Desembargador Federal Eloy Bernst Justo, Porto Alegre, RS, julgado em 23 de junho de 2008. Disponível em: <http://jurisprudencia.trf4.jus.br/pesquisa/resultado_pesquisa.php> Acesso em 20 jun.2014.

SÃO PAULO, Tribunal Regional Federal da 3ª Região. Agravo de instrumento n. 0041444-76.2009.4.03.0000, Relator Desembargador Federal Márcio Moraes, São Paulo, SP, julgado em 05 de abril de 2013. Disponível em: <http://www.trf3.jus.br/NXT/Gateway.dll?f=templates&fn=default.htm&vid=trf3e:trf3ve> Acesso em 20 de jun. 2014.

SÃO PAULO. Tribunal Estadual de Justiça. Embargos de Declaração n. 0105686-06.2008.8.26.0000, Relator Desembargador Paulo Hatanaka, São Paulo, SP, julgado em 19 de outubro de 2009. Disponível em: <https://esaj.tjsp.jus.br/cjsg/resultadoCompleta.do;jsessionid=47ED8E4D9FF5358978145DCFF90A0ABB> Acesso em 20 jun. 2014.

SÃO PAULO. Tribunal Estadual de Justiça. Agravo de instrumento n. 0490152-83.2010.8.26.0000, Relator Desembargador Gomes Varjão, São Paulo, SP, julgado em 15 de dezembro de 2010. Disponível em: <https://esaj.tjsp.jus.br/cjsg/resultadoCompleta.do> Acesso em 20 jun. 2014.

# ANEXO – LISTA DE CASOS INFORMADOS PELA COMISSÃO DE VALORES MOBILIÁRIOS

**1. SÃO PAULO.** 35ª Vara Cível do Foro Central da Capital.
**Ação Ordinária n. 0131364-09.2011.8.26.0100**
Autor: Carlos Nantes Bolsonaro.
Réu: Intra S.a Corretora de Cambio e Valores
Consulta disponível: <https://www.tjsp.jus.br/>

**2. SÃO PAULO.** 11ª Vara Cível do Foro Central da Capital.
**Ação Sumária n. 0117524-63.2010.8.26.0100**
Autor: Vera Lucia Lima
Réu: Slw Corretora de Valores e Cambio Ltda
Consulta disponível: <https://www.tjsp.jus.br/>

**3. SÃO PAULO.** 3ª Vara Cível do Foro Central da Capital.
**Ação Ordinária n. 0191965-15.2010.8.26.0100**
Autor: Joao Marcos Cruvinel Machado Borges
Réu: Um Investimento S/A Ctvm
Consulta disponível: <https://www.tjsp.jus.br>

**4. SÃO PAULO.** 7ª Vara Cível do Foro Regional de Santana/SP.
**Ação Ordinária n. 0019824-25.2012.8.26.0001**
Autor: BM&F Bovespa Supervisão de Mercados
Réu: Sidnei Vitalino da Silva
Consulta disponível: <https://www.tjsp.jus.br>

**5. CAMPINAS.** 10ª Vara Cível.
**Ação Ordinária n. 0011180-16.2010.8.26.0114**
Autor: Edmilson Robles Castilla
Réu: Minerva S/A
Consulta disponível: <https://www.tjsp.jus.br>

**6. RIO DE JANEIRO.** 4ª Vara Empresarial da Capital.
**Ação Ordinária n. 0089044-42.2011.8.19.0001**
Autor: Manoel Monteiro de Souza Filho e outros
Réu: Clube de Investimento dos Empregados da Vale Investvale
Consulta disponível: <http://www.tjrj.jus.br>

**7. RIO DE JANEIRO.** 6ª Vara Empresarial da Capital.
**Ação Ordinária n. 0006711-96.2012.8.19.0001**
Autor: Tamoyo Investimento S/A Corretora de Títulos e Valores Mobiliários
Réu: Bolsa de Valores do Rio de Janeiro e outra
Consulta disponível: <http://www.tjrj.jus.br>

**8. RIO DE JANEIRO.** 5ª Vara Empresarial da Capital.
**Ação Ordinária n. 0251033-23.2012.8.19.0001**
Autor: Andre Machado Lins
Réu: Ativa Corretora de Titulos e outros
Consulta disponível: <http://www.tjrj.jus.br>

**9. PORTO ALEGRE.** 10ª Vara Cível do Foro Central da Capital.
**Ação Ordinária n. 001/1.10.0103254-4**
Autor: Mariângela Casanova de Souza
Réu: XP Investimentos Corretora de Câmbio Títulos e Valores Mobiliários S.A
Consulta disponível: <http://www.tjrs.jus.br>

**10. PORTO ALEGRE.** 10ª Vara Cível do Foro Central da Capital.
**Ação Ordinária n. 0173241-70.2011.8.21.0001**
Autor: Gilvani Segala
Réu: XP Investimentos Corretora de Câmbio Títulos e Valores Mobiliários S.A
Consulta disponível: <http://www.tjrs.jus.br>

**11. SALVADOR.** Tribunal de Justiça da Bahia.
**Agravo de Instrumento n. 00683538.2013.8.05.0000**
Agravante: Companhia de Participações Aliança da Bahia
Réu: Patrimonial Mundo Novo
Consulta disponível: <http://www.tjba.jus.br>

**12. BRASÍLIA.** Superior Tribunal de Justiça.
**Recurso Especial n. 1373438**
Recorrente: Brasil Telecom S/A
Réu: Germano Sonaglio
Consulta disponível: <http://www.stj.jus.br>

**13. SÃO PAULO.** 7ª Vara Cível do Foro Central da Capital
**Ação Ordinária n. 583002010199073-5**
Autor: Skopos Master FIA
Réu: Bm&f Bovespa S.A
Consulta NÃO DISPONÍVEL – SEGREDO DE JUSTIÇA.

**14. SÃO PAULO.** 6ª Vara Federal Cível do da Capital
**Ação Ordinária n. 00198304320124036100**
Autor: Tov Cctvm Ltda
Réu: -
Consulta NÃO DISPONÍVEL – SEGREDO DE JUSTIÇA.

**15. Registro CDE nº 565/13:**
Amicus Curiae – Intimação da CVM – Ação indenizatória por danos materiais e morais decorrentes do uso indevido do capital alheio
Parecer/PFE-CVM/nº 008/13 (Dr.ª Ilene), expedido em 28 de novembro de 2013
Consulta INVIÁVEL – não fornecido dados da ação.

# ÍNDICE

| | |
|---|---|
| Agradecimentos | 7 |
| 1. INTRODUÇÃO | 11 |
| 2. A FIGURA DO *AMICUS CURIAE* NO DIREITO BRASILEIRO | 15 |
| 3. A ATUAÇÃO DA COMISSÃO DE VALORES MOBILIÁRIOS COMO *AMICUS CURIAE* NO JUDICIÁRIO | 47 |
| 4. LEVANTAMENTO EMPÍRICO E CASUÍSTICA | 79 |
| 5. CONCLUSÃO | 89 |
| Referências | 95 |
| Legislação | 99 |
| Jurisprudência | 103 |
| Anexo – Lista de casos informados pela Comissão de Valores Mobiliários | 107 |